Célia

CAIO DE ANDRADE

entre o mundo e a minha voz

Célia
entre o mundo e a minha voz

CAIO DE ANDRADE

imprensaoficial
GOVERNO DO ESTADO DE SÃO PAULO

Sumário

Uma Ação Entre Amigos!

Em janeiro de 2008, depois de morar durante quase 30 anos no Rio de Janeiro, voltei pra Lorena, minha terra natal, envolvido num empreendimento inusitado, pelo menos pra mim: coordenar a reforma de um teatro. Não um teatro qualquer, mas uma sala de espetáculos com quase 500 lugares, construída no final de década de 1940 e de grande significado afetivo – foi no palco do Teatro São Joaquim, ainda adolescente, estudante do centenário colégio que leva o mesmo nome, que comecei a me interessar pelas artes cênicas. Fui convidado pelos padres salesianos, administradores do colégio e da universidade que ocupa um grande quarteirão da cidade (e onde fica o teatro), pra dar uma espécie de consultoria, uma vez que não estava nos planos dos diretores empreenderem uma reforma tão cara e tão radical sem a orientação de alguém que, efetivamente, entendesse do riscado.

Minha carreira como dramaturgo e diretor de teatro, forjada no Rio de Janeiro, ao longo de anos (alternados com algumas aventuras televisivas), chegara aos ouvidos dos padres – alguns me conheciam desde criança – e foi confiando nessa história de algumas glórias e muitas vicissitudes (todos sabemos como é complicado viver de teatro no Brasil) que a reforma foi desfraldada. Começou em março e terminou em agosto do mesmo ano. Após a festa de reinauguração, começou o agendamento de espetáculos vindos do Rio de Janeiro e de São Paulo.

No dia 25 de outubro, foi a vez da apresentação do primeiro show musical no Teatro São Joaquim depois da reforma: *Na Batucada da Vida*, espetáculo onde três exímias cantoras relembravam, para o ávido público lorenense, os grandes sucessos de Carmen Miranda. A realização do show foi da Mesa 2 – Produções, de São Paulo, que pertence a dois grandes amigos: Roberto Monteiro e Fernando Cardoso, o último também responsável pelo roteiro e direção do espetáculo. No palco, Célia, Lucinha Lins e Virgínia Rosa, acompanhadas por uma banda sensacional.

Na ocasião fui apresentado à Célia. Não é preciso dizer que o show foi um grande sucesso e que o talento das três contribuiu de forma decisiva pra garantir futuros espectadores ao teatro que continua abrindo suas portas e recebendo cada vez mais público.

Após a temporada na pequena cidade e com a sensação de dever cumprido, voltei pra metrópole. Primeiro São Paulo – convidado para dirigir a grande atriz Imara Reis, em *O Ano do Pensamento Mágico* e depois, de volta ao Rio de Janeiro, participar do projeto *Rockantygona* – adaptação da tragédia de Sófocles revista pelo olhar contemporâneo do ator e diretor Guilherme Leme. Fui convidado pra fazer a dramaturgia do espetáculo, ou seja, reescrever o texto da peça a partir de inúmeras adaptações, traduções e improvisações que serviram de base para a corajosa investida do diretor. Estreamos em fevereiro de 2010, no Espaço Sesc Copacabana.

Nesse período o Fernando Cardoso me convidou para uma festa de despedida em sua adorável casa de São Paulo – a cantora e compositora portuguesa Eugênia Melo e Castro, artista exclusiva da Mesa 2 – Produções, estava voltando pra Lisboa. Entre uma conversa e outra veio, por intermédio do Fernando, um inesperado e honroso convite do Rubens Ewald Filho: escrever a biografia da Célia para a *Coleção Aplauso*. No primeiro momento veio o ímpeto de dizer sim, de imediato: escrever um livro, de uma série já consagrada – como homem de teatro estive sempre atento à coleção que o Rubens Ewald comanda com tanto carinho e competência – sobre uma cantora tão interessante, desde muito cedo reconhecida como uma das vozes mais perfeitas do país e, além de tudo, uma pessoa tão delicada e tão sensível (veio-me imediatamente as lembranças de Lorena, quando a conheci), pareciam razões suficientes para aceitar a proposta. Logo depois, no entanto, chegou o velho e natural medo do desconhecido. Embora já tivesse escrito mais de 20 textos para teatro e inúmeros roteiros pra televisão, nunca tinha escrito um livro, ainda mais uma biografia para uma coleção tão importante e respeitada como a *Aplauso*. Era tarde! O acordo tinha sido firmado naquele momento, o do ímpeto!

No primeiro encontro a conversa foi tão prazerosa, nossos santos se cruzaram com tal harmonia que achei, mais uma vez, que tudo seria fácil. Ledo engano. Quanto mais forte o carinho que sentimos maior a responsabilidade e o medo de decepcionar. Afinal, escrever um livro em primeira pessoa, tentando *falar por ela* e ao mesmo tempo fazendo as vezes de escritor, do responsável pela forma e conteúdo do trabalho, convenhamos, não é pouca coisa. Mas, no decorrer dos encontros, a Célia foi me deixando tão à vontade, minha simpatia por ela foi se transformando em tamanha admiração que o medo passou e ficou o compromisso de fazer o melhor, por ela, por mim e pelos leitores do futuro livro.

Já no início, a Célia me alertou que não esperasse nenhum grande drama. Que não seria ela a cantora que me contaria tragédias rodriguianas, amores despedaçados a golpes de pancadaria, casos feitos e refeitos à base de narcóticos e tranquilizantes, ou seja, os grandes dramalhões hollywoodianos tão presentes nas biografias de inúmeros artistas nacionais e muitas vezes transformados em filmes, séries de televisão, etc. Mas que não pensasse, prematuramente, que sua vida estava isenta de emoções. Das grandes. E fortes!

Quem ler o nosso livro vai entender perfeitamente o que estou dizendo. Não é preciso navegar por mares de sofrimentos, cair no poço das mágoas e decepções, ser encoberta por nuvens carregadas de júpiteres trovejantes, cair de montanhas repletas de sentimentos espúrios e atrofiados pra dar alma e sentimento a uma canção. É preciso, no entanto, ser artista. E dos bons!

Feliz, na medida do possível (felicidade completa, nem nas canções infantis); realizada, dentro de seus padrões de ambição; respeitada no meio onde atua e fora dele; mãe de Amanda; ex-esposa que conserva uma ótima relação com o ex-marido; e agora, acima de tudo, avó de Sebastián – que nasceu no dia 14 de janeiro de 2010 – tudo isso faz de Célia (entre tantos outros atributos), uma artista que sabe colocar sua emoção no exato lugar onde ela deve estar – na sua esplêndida voz!

Aprende-se muito ouvindo uma pessoa. Aliás, este é o maior dos presentes quando se escreve uma biografia (pelo menos pra mim foi assim): aprende-

-se a ouvir. É preciso parar de falar e ouvir. Escutar com carinho o que está sendo dito, a maneira como o fato está sendo contado, as formas como as histórias ganham vida, o grau de dificuldade de cada revelação, a emoção despontando a cada recordação, a evocação dos cheiros, dos gostos, dos paladares, das lágrimas que brotaram em algum lugar da existência e que voltam a cair quando novamente chamadas. Ainda mais quando o que se tem pra ouvir é belo, honesto, inspirador, como foi no meu caso.

Um trabalho a quatro mãos, dois corações, duas cabeças pensantes, muitos momentos divertidos, outros nem tanto, garimpo de emoções e, conjugando tudo isso, uma enorme vontade de fazer o melhor. Quem contou e quem escreveu, plácida e conscientemente, sabia que outras pessoas desfrutariam daqueles momentos de intimidade, afinal, o trabalho resultaria num livro, mas, mesmo assim, tudo não passou de uma franca e devotada ação entre amigos. Feita com carinho, admiração mútua e, antes de tudo, respeito.

Termino agradecendo a todos que nos ajudaram na empreitada, representados aqui pelo Roberto Monteiro e pelo Fernando Cardoso – amigos, produtores e interlocutores deste trabalho. De forma especial, ao Rubens Ewald Filho, não só pelo inestimável convite, mas, igualmente, pela tenacidade com que vem dirigindo a *Coleção Aplauso*, registrando de forma criativa e competente a vida e a obra de tantos artistas nacionais. E, claro, à Célia, que contou tudo com sinceridade, paciência, generosidade e talento.

Caio de Andrade.
Quem escreveu!

Um Ano pra Chamar de Meu

Simples assim: convidei, na última hora, minha amiga Lucinha Lins e fomos à cidade de Veneza comprar penduricalhos para o figurino do meu próximo show. Pode parecer frivolidade abrir um relato sobre a minha vida com uma informação tão simplória, mas aprendi, ao longo dessa mesma vida, que nos momentos inesperados e aparentemente desimportantes, mora, em grande parte, a graça de viver.

Quem me flagra com essa desenvoltura discursando sobre o inesperado da existência nem imagina que eu sou uma virginiana perfeccionista, detalhista ao extremo, com toda rigidez do caráter mercuriano, que gosta de planejar tudo. Que já tinha essa viagem organizada há um ano (quando assinei o contrato com o navio que nos trouxe de volta ao Brasil) e que o show, em questão, é um evento que vem sendo pensado há algum tempo, para comemorar o lançamento do meu novo CD e os meus 40 anos de carreira. De inesperado, só a deliciosa companhia da Lucinha e os lindos colares de murano que conseguimos encontrar a preços surpreendentes – em se tratando de material tão belo e tão bem utilizado nas peças em questão. Foi lindo!

Descobri o caminho dos mares em meados dos anos 1980, quando um amigo italiano, empresário do ramo, me convidou para um cruzeiro pelo Norte e Nordeste do Brasil. Já cheguei cantando. No navio havia uma banda de músicos ingleses em busca de alguém para interpretar as pérolas do nosso cancioneiro, uma vez que a cantora tinha se desligado do grupo e, pelo que entendi, em boa hora, pois ninguém estava satisfeito com a performance da moça. Fui recebida com desconfiança, mas, de imediato, saquei da bolsa excelentes arranjos de canções conhecidas, de consagrados compositores brasileiros e quando o pianista tocou os primeiros acordes sentiu, sem falsa modéstia, que estava tratando com gente do ramo. Logo em seguida soltei a voz, feliz por entender que aqueles profissionais realmente admiravam nossa música e aí, foi só alegria. Depois da primeira experiência muitas e muitas outras se seguiram.

Desde 1986, quase todos os anos, principalmente entre os meses de dezembro e fevereiro, querendo me encontrar, é só procurar meu nome na lista de

Célia com a amiga Lucinha Lins

artistas convidados, que deixam ainda mais divertida a viagem dos três mil passageiros dos grandes navios da empresa italiana MSC (alguns com mais de 15 andares e teatros de até 1,5 mil lugares), que transitam pelas mais diferentes rotas oceânicas – do Caribe ao norte da África, passando, invariavelmente, por idílicos portos europeus. *I'll be there.*

Voltemos à cidade de Veneza. Lucinha e eu pegamos o voo para a Itália no dia 28 de outubro de 2009. Nos dias seguintes, entre passeios e ingênuos pecados gastronômicos, nos embrenhamos pelos bazares venezianos procurando os tais colares, brincos, pulseiras e peças avulsas de murano. Quatro dias depois da chegada estávamos embarcando no navio que nos traria de volta. Com a mala cheia. Além do material para o show, trouxemos outras coisinhas. Os tais *pecados gastronômicos* incluíam a compra de irresistíveis iguarias italianas que seriam consumidas em casa, no aconchego do lar, à mesa, com as respectivas famílias.

Santa Cruz de Tenerife, nas Ilhas Canárias (na costa africana), era o próximo porto. Lá descemos e completamos as compras. Delícias comestíveis, dessa vez, espanholas, ainda pensando no desfrute familiar. Mas o fato que me fez relembrar tudo isso aconteceu, na verdade, entre um porto e outro, entre Veneza e Tenerife, em alto mar.

Geralmente, durante a viagem, que em média dura de duas a quatro semanas, faço dois shows, de aproximadamente 40 minutos. O resto do tempo é para se deleitar com a beleza do mar aberto, das costas, dos portos, das cidades e com as maravilhosas opções de lazer oferecidas pelo gigantesco navio. É claro que convidei a Lucinha pra cantar comigo. E no dia que antecedeu a primeira apresentação, saímos em direção às áreas externas do navio para trocar as últimas ideias. Passamos por uma sala e ouvimos uma conferência. Paramos, escutamos por alguns minutos. Não dava pra entrar, tínhamos outros compromissos, mas ficamos interessadas. Era preciso descobrir quem era o confiável palestrante e tentar, mais tarde, uma aproximação, já que o assunto e a maneira como estava sendo abordado, nos instigaram. Horas depois tivemos o privilégio de dividir a mesa, numa das inúmeras refeições oferecidas a bordo, com o professor Roberto Bo Goldkorn, estudioso da Numerologia Aplicada e inventor da técnica batizada de Grafologia Arquetípica – o orador que havia nos encantado horas atrás.

Antes de comentar nosso encontro com o professor, conto que a viagem em questão não foi a última do ano. Cheguei ao Brasil no dia 18 de novembro e dez dias depois já estava novamente na Europa. Desta vez voei direto para Barcelona, com a minha irmã Gilca, onde pegamos o navio de volta, realizando o mesmo ritual, de porto em porto, até chegarmos a Santos. Dentre os lugares fabulosos que visitamos, aportamos no Marrocos. Lá, completei o enxoval do show, comprando *kaftans*[*] incríveis, de cores e padrões inusitados. Voltei novamente ao Brasil e fui para a Argentina. No *réveillon*, saindo de Buenos Aires em direção à costa brasileira, fiz os dois últimos shows da minha temporada marítima, me despedindo de 2009 e anunciando o ano que nascia.

---

* Vestimenta oriental, ampla e longa.

SPLENDOUR OF THE SEAS

Nascia 2010 e, pelo menos pra mim, um ano particularmente importante: um novo CD a caminho, um show sendo preparado, 40 anos de uma carreira da qual me orgulho imensamente e, além de tudo isso, o ano viria com o meu primeiro neto, Sebastián. Aí eu retomo o encontro com o professor Roberto que, dentre tantas previsões positivas e valiosos conselhos, reiterou que 2010 tinha tudo para ser um ano inesquecível.

Alertou, é claro, que não podemos saber com extrema exatidão o que nos reserva a vida, mas, certamente, é possível perceber que, em alguns momentos, os ventos nos são propícios. É preciso estar atenta e aproveitá-los, estendendo as velas na correta direção.

Após os dois shows que fiz na noite do *réveillon* fui para minha cabine. Já havia prevenido os produtores que não voltaria para a festa no salão principal. Precisava descansar. Queria ficar sozinha, pra aproveitar e agradecer toda a felicidade dos últimos dias. Daquele dia em especial – pois um novo ano nascia – e dos momentos de grande emoção que estavam por vir. Entrei e encontrei uma delicada surpresa: champanhe de primeira num transparente balde de gelo rodeado por queijos e frios das mais finas procedências. Quase chorei de emoção. Quem não gosta de ser acarinhada?

Tomei uma bela ducha, coloquei uma roupa confortável e abri a janela que dava para a sacada. Olhei para o mar aberto, empunhei a taça com a Veuve Clicquot que fervilhava, me concentrei em tudo de bom que gostaria que acontecesse e despejando metade do champanhe nas águas – pensando, é claro, na proteção de Iemanjá – bebi a minha parte e entrei no meu ano.

Célia e sua irmã Gilca, viajando pelos navios MSC

Promessa Cumprida

Sebastián Mateo Ferrer Ganoza, como prometido, nasceu em 2010, no dia 14 de janeiro, às 9h20min. Praticamente um homem feito, pesando 4,150 kg e medindo 53 cm. Amanda Cruz Ferrer, minha filha, é a mãe e o pai (carinhoso e peruano), atende pelo nome de Ali Rhandu Ganoza Emé.

Como tudo aconteceu! Minha filha única, Amanda, fez faculdade de turismo em São Paulo, e como navega comigo desde os seis anos de idade (e sempre adorou!), depois de formada, resolveu trabalhar num navio. Optou por trabalhar na butique, por uma simples razão: quando os navios aportam, as butiques fecham e aí ela podia sair pra conhecer as cidades. Taurina, do dia 7 de maio de 1981, neste primeiro momento profissional, a Amanda acreditava que tinha vindo ao mundo a passeio: trabalhando no que gostava, conhecendo lugares incríveis, fazendo novas amizades, longe da família (nessa idade tudo o que eles querem é distância das cobranças familiares), enfim, a vida que pediu a Deus. Sua primeira viagem saiu de Veneza. Ela foi pra lá, embarcou e fez quase toda a Europa. Essa primeira viagem durou pouco mais de seis meses. Aí, fui me encontrar com ela. Voltamos ao Brasil, ela tirou alguns dias de folga e retornou ao trabalho, ou seja, embarcou em outro navio; dessa vez, pela costa brasileira. Tudo isso em 2007.

Ainda na Europa, a Amanda conheceu o Ali (o futuro pai de Sebastián), que igualmente trabalhava no navio e se apaixonaram. Foi uma paixão daquelas, arrebatadora! Que chega e muda tudo. No final de 2008, ela resolveu passar um tempo no Peru, ao lado dele. E o namoro foi ficando sério. Estavam praticamente casados. Em abril de 2009, ela veio me visitar no Brasil e logo que voltou de Lima me ligou dizendo que estava grávida. Resolvemos que era melhor pra todos que ela passasse a gravidez comigo e que o bebê nasceria aqui. E assim foi feito. O marido, que é crupiê de cassino, em Lima, ficou trabalhando. Amanda chegou com quatro meses pra fazer o pré-natal. Teve uma gravidez maravilhosa. Como eu, que só me descobri grávida aos três meses de gestação.

O Ali veio de Lima dez dias antes de o bebê nascer e ficou aqui até o filho completar 20 dias. No dia 14 de janeiro, fui acordada pelo meu genro às

Amanda Cruz Ferrer, a filha

cinco horas me chamando pra levá-los ao Hospital Samaritano, em Higienópolis. A Amanda estava tendo contrações. Ele ainda fica atrapalhado com o trânsito de São Paulo. Nós moramos na zona sul, na Granja Julieta. Saímos. Chegamos ao hospital, a Amanda subiu junto com Ali à obstetrícia e eu fiquei preenchendo uma ficha na recepção. Foi quando soube que o ginecologista dela estava saindo de Santo André. Já tinha sido acionado, mas enfrentava um trânsito de enlouquecer. A Amanda já estava com contrações menos espaçadas. O jeito foi monitorar, por telefone, os procedimentos junto aos outros médicos do hospital que estavam com ela. Era pra ser parto normal, mas como o bebê era muito grande e não encaixava, a solução foi partir pra uma cesariana. Meia hora depois, eu já estava impaciente quando fui levada até um corredor, onde havia uma parede de vidro e por trás dela estava ele.

Uma enfermeira levantou o Sebastián e eu quase tive uma síncope, de tanta emoção. Perguntei pela Amanda, disseram que ela estava bem, repousando na sala de recuperação. O médico dela finalmente chegou, viu que tudo tinha acontecido mais ou menos dentro do previsto e nos deu os parabéns, dizendo que o nosso bebê, na verdade, era um rapaz que tinha *nascido pronto*. Amanda ficou no hospital por mais três dias.

Os antecedentes! Posso dizer que nunca vivi uma paixão arrebatadora, como, por exemplo, a que a Amanda e o Ali sentiram um pelo outro. Amei, é verdade. Mas não me lembro desse estágio da paixão vertiginosa. Feliz ou infelizmente, não aconteceu comigo. Meus namoros da adolescência e mesmo o meu relacionamento com o meu ex-marido sempre foram tranquilos. O pai da Amanda, o avô paterno do Sebastián, chama-se Roberto Hugo Ferrer, é argentino de Buenos Aires. Era produtor musical e trabalhava com

Célia com Roberto, seu ex-marido, em 1974
Célia e Antônio Marcos, no programa Silvio Santos

o Marcos Lázaro, na época, meu empresário, que abriu uma casa noturna chamada A Porta do Carmo, na Rua 7 de Abril, no centro da cidade de São Paulo. O Roberto administrava a casa. Era pequena e prestigiada, onde cantava o Simonal, o Cauby e outros nomes importantes. E eu, pra pegar o jeito – como nunca tinha cantado em boate – fui cantar lá também. Assim nos conhecemos, começamos a namorar e depois de um tempo ele me pediu em casamento.

Quando o Dener, celebrado costureiro e saudoso amigo, soube que eu ia me casar resolveu organizar uma festa na casa dele, uma elegante despedida de solteiros para os noivos. Conheci o Dener no programa do Flávio Cavalcanti – um capítulo à parte na minha vida que mais tarde vou contar. Uma festa para amigos mais íntimos e a família, com mais ou menos 50 convidados, na maravilhosa casa da Granja Viana. O Dener tinha muito bom gosto e, claramente, não poupou gastos, nem esforços. Foi uma festa inesquecível. O casamento, na noite de 19 de setembro de 1974, foi na capela do Orfanato São Judas Tadeu, com o Padre Gregório. Usei um vestido verde-água, assinado pelo Dener, naturalmente. Tive muitos padrinhos, entre pessoas conhecidas e amigos de infância de São Bernardo. Posso citar o Flávio Cavalcanti, o próprio Dener, a Márcia de Windsor, meu companheiro de infância e juventude Roquinho (hoje, o cirurgião plástico Dr. Roque Menucelli), entre outros amigos queridos. Casamos no civil e no religioso no mesmo dia. E a festa foi na Porta do Carmo.

Com Ronnie Von, na festa de despedida de solteira, setembro de 1974

Com as primas Amorita Cruz, Regina Prandato e o marido Bruno

páginas seguintes – O casamento e seus convidados, entre eles Ronnie Von e Dener.

Entrando na igreja com o cunhado Tito Lima e momentos da cerimônia ao lado de Roberto, o noivo.

Festa de casamento com Flavio Cavalcanti

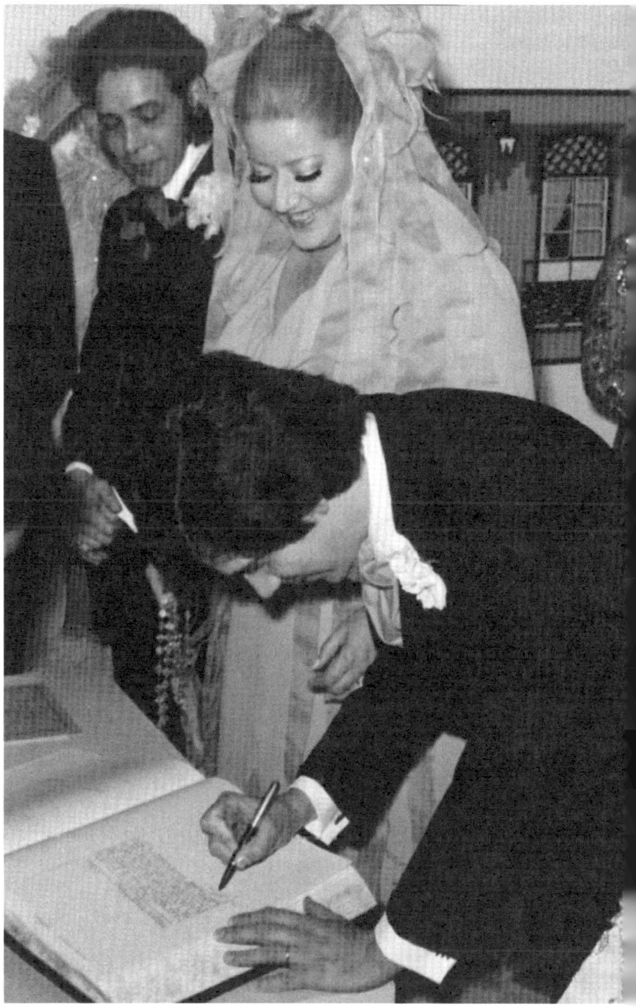

Roberto e Amanda, no carrinho
Célia com a prima Márcia, no colo
Célia e a sobrinha Ana Laura.

Nos dois primeiros anos eu evitei a gravidez, mas depois deixei de me prevenir e nem assim o filho vinha. Só fiquei grávida seis anos após o casamento. A Amanda nasceu em São Bernardo do Campo. Meu amigo já citado, o Dr. Roque Menucelli era sócio-fundador de um hospital em São Bernardo e se eu não tivesse o meu filho lá ele ficaria, no mínimo, aborrecido. O parto foi induzido, porque eu estava com pressão alta, mas foi normal.

Eu e o Roberto nos separamos em 1983. Nenhuma separação, de pessoas que se respeitam, é motivo de alegria. A nossa, na medida certa, foi tranquila. Tinha vivido ao lado dele por nove anos e havia muitos motivos para vivenciar essa fase reconhecidamente complicada com a nobreza e a delicadeza que nós merecíamos.

Quando vimos que continuar juntos não era a melhor ideia ele foi para o apartamento dele e eu fui morar numa casa, no Brooklin, criar a Amanda com mais conforto. Primeiro tivemos uma separação consensual e mais tarde nos divorciamos. Durante a infância e adolescência da Amanda o Roberto foi muito presente e nunca deixou de frequentar a nossa casa. Entrou e saiu quando quis, não precisava nem telefonar. Mas como sempre foi elegante, ele ligava antes e perguntava como estava o nosso dia. Se tudo tivesse na rotina, ele aparecia pra almoçar, jantar, tomar um café. Como um bom amigo. Muitas vezes, quando eu precisava fazer minhas viagens de navio e, por algum motivo, não podia levar a Amanda, o Roberto, literalmente, se mudava pra minha casa pra ficar com a filha.

Nem eu, nem ele nos casamos de novo. Hoje, ele trabalha na construção civil. Sempre tive uma ótima relação com minha sogra, meu sogro e meus quatro cunhados (dois homens e duas mulheres) argentinos. Os pais dele já morreram. Quando eram vivos, várias vezes fomos visitá-los. Minha filha até hoje tem contato com os 14 primos portenhos. Estão sempre conversando via internet.

A Amanda não teve irmãos. Eu tive a sorte de ter dois.

Família reunida no batizado de Amanda
Célia, sua mãe e Amanda, no dia do batizado

Célia com Amanda, em 1983

Com a cunhada Liliana Ferrer (na árvore), em Buenos Aires (1974).

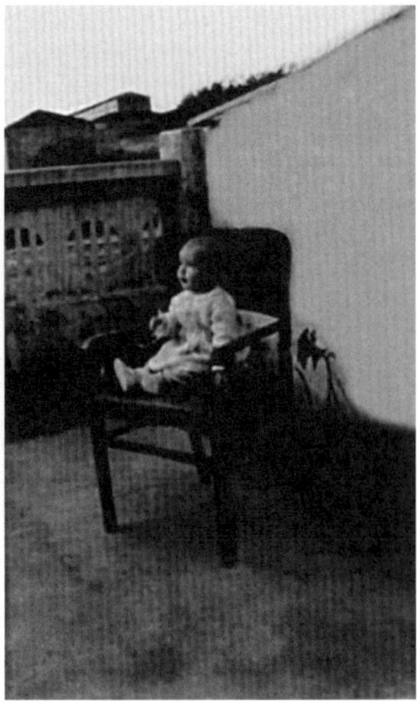

Célia ao fundo, no aniversário da prima Márcia
Na cadeira, Célia com 11 meses

Meus Dois Irmãos & Eu

Fui gerada em São Bernardo do Campo, onde minha família morava, mas nasci no dia 8 de setembro de 1947, às 21h45, na Pró Matre Paulista (na cidade de São Paulo), porque minha mãe teve um problema de apendicite junto com a gravidez. Ela, como devota de São Judas Tadeu, fez promessa pra tudo dar certo, pois o quadro era grave. O médico chegou a cogitar que talvez meu pai tivesse que optar entre a mãe ou a filha e, nesses casos, geralmente a opção é pela mãe, que teria mais dois filhos para criar – eu sou a filha caçula. Mas, como ela mesma gostava de dizer, minha mãe nasceu no dia do Duque de Caxias, era *caxias*, segurou a onda e deu tudo certo. Portanto, eu nasci em São Paulo e fui para São Bernardo logo em seguida, sou praticamente são-bernardense.

Amaury Cruz, meu irmão mais velho, o primogênito, nasceu em Cubatão, no dia 19 de setembro. Era dez anos mais velho do que eu. Tenho ótimas lembranças dele na minha infância e juventude, quando o Amaury me levava para passear de moto. Foi quem me deu meu primeiro violão. Devo também ao Amaury meu bom gosto musical. O início de tudo. Quando eu só queria saber dos Beatles, do Elvis, da Celly Campello (que também eram maravilhosos, mas eu me recusava a conhecer outras coisas), ele já ouvia o João Gilberto, Silvinha Telles, e muita gente boa, que, mais tarde, por insistência dele, eu me aproximei, aprendi a escutar e passei a admirar. O Amaury trabalhava na Scania.

Ele se casou com a Rosa, com lindos olhos azuis. Tiveram dois filhos. Primeiro veio o Fernando, que, anos mais tarde, se casou com a Nely (eles também tiveram dois filhos, Thiago e Fernanda). A outra filha do Amaury e da Rosa é a minha sobrinha Mara, que se casou com o Sérgio. Mãe do Renan e do Vinícius. O Fernando e a Mara nasceram com olhos claros, pois o Amaury também tinha olhos azuis. O pai dessa família de lindos olhos, meu querido irmão Amaury, morreu aos 59 anos, de complicações ligadas ao sistema digestivo, em São Bernardo do Campo.

Gilca, minha irmã do meio, nasceu em Santos, no dia 13 de julho. Seis anos mais velha que eu. Diferença de idade que hoje não representa nada, mas, na adolescência, era abissal. Quando ela se casou, eu tinha 15 anos. Minha irmã até hoje é um bibelô. Às vezes eu a chamo de avenca, pois ela é muito sensível. Sempre foi muito protegida pelo Tito, o marido dela, um homem que a amou muito e sempre se colocou à frente dos problemas. Ele tinha qualidades – e muitas, era um homem admirável –, mas, por outro lado, era um machista inveterado, muito ciumento. A minha irmã sempre foi bonita, na juventude parecia a Sophia Loren. Começaram a namorar cedo. Quando ela tinha 10 anos, o Tito, que já era um homem (tinha 21), disse, brincando, ao meu pai: *Eu vou me casar com a sua filha*. Ela tinha horror dele. Já imaginou uma criança vendo um homem dizendo que iria se casar com ela? E acabou acontecendo.

E o Tito virou meu pai. Mais tarde vou falar de meus pais, mas já adianto que eles se separaram cedo. Meu pai foi embora, logo depois meu irmão se casou e o Tito foi se transformando na figura masculina da nossa casa. Foi ele quem entrou comigo na igreja, quando eu me casei. Era um jornalista muito conhecido em São Bernardo e foi Secretário de Educação da cidade. Pessoa muito querida. Foi o Tito – seu nome era Antonio de Lima – quem me ajudou no início da carreira. Quando eu disse que seria cantora e minha mãe ficou em pânico ele me deu total apoio. Financiou minha vinda e minha vida em São Paulo até as coisas se arranjarem e me ajudou a vencer os preconceitos dentro e fora da família, dando aporte moral e financeiro. Foi o meu pai entre a minha fase de adolescência e a idade adulta.

Na noite em que eu recebi o Troféu Roquette Pinto, de Revelação Feminina, em 1971, ele era a pessoa mais feliz da plateia. Contudo, quando eu quis me separar do Roberto ele ficou indócil. Tentou de todas as maneiras me fazer desistir da separação, pois ele não admitia mulher separada. Foi muito complicado convencê-lo de que eu estava fazendo a coisa certa. Tinha uma personalidade forte, contraditória e surpreendente. O Tito morreu aos 52 anos, de um infarto fulminante. Tinha feito uma cirurgia de coração, estava se recuperando, quando, numa noite passou mal, foi internado, mas era tarde. Minha primeira grande perda.

Quando meu pai estava doente eu fui a Florianópolis visitá-lo (ele se casou novamente no Sul, tinha outra família por lá). Voltei pra São Paulo e uma semana depois ele morreu. Não consegui ir ao enterro, por uma série de

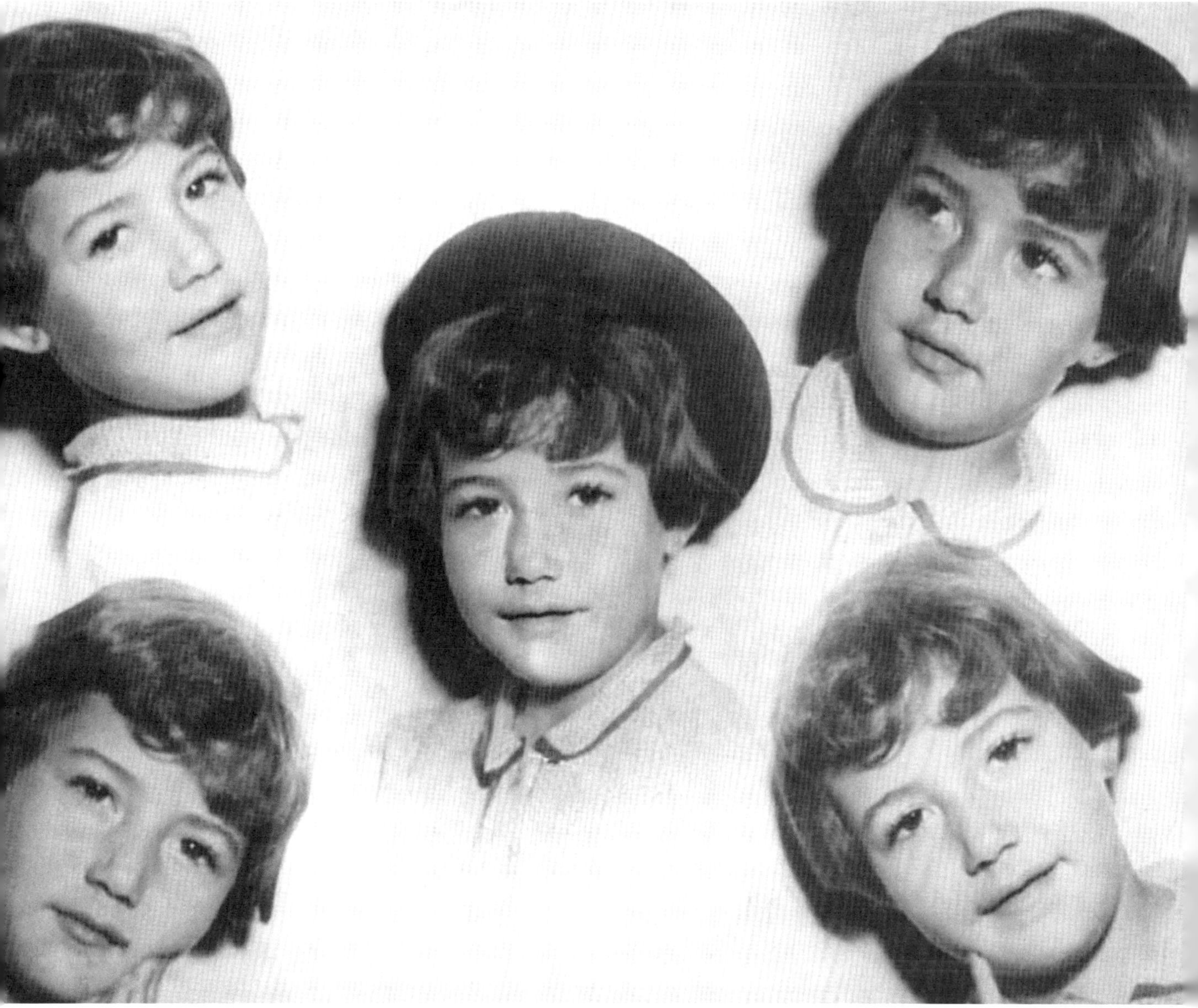

Célia aos 7 anos de idade

razões. Meu pai, no entanto, foi praticamente uma figura ausente na minha vida. O Tito, verdadeiramente, ocupou e bem, com maestria, talento e muita dedicação o lugar do protetor. Além disso, o Tito tinha paixão pela Amanda (que na época tinha três anos – ele morreu em 1984).

O Tito e a Gilca tiveram duas filhas: Ana Laura e Ana Cláudia. A diferença entre elas é de um ano. Hoje, Gilca mora sozinha, num apartamento enorme. A Ana Laura se casou com o Ailton e teve duas filhas (Beatriz e Carolina) e a Ana Cláudia acabou se casando na Inglaterra com o John e tem dois filhos, Kier e Camila. Depois de um período na Inglaterra, eles moraram durante três anos no Japão, em Hiroshima, e hoje vivem em Dusseldorf, na Alemanha. O marido sempre trabalhou na Ford.

A Amanda diz que pretende morar no Peru, ao lado do marido. Nada mais justo. Há, no entanto, a possibilidade do Ali se mudar para São Paulo. Planos que ainda serão discutidos enquanto Sebastián – cuja árvore genealógica mais próxima acaba de ser apresentada – nos encanta a todos, fazendo-nos lembrar do privilégio que é conviver, diariamente, com a inocência comovente de uma criança. Evoé, Sebastián! Entre outros motivos, a vovó está escrevendo este livro pra você.

Primeira comunhão aos 8 anos

A Matéria dos Sonhos

Meu querido diário: meu sonho sempre foi ser uma cantora. Bom, como vocês podem ter percebido, a maneira que eu escolhi pra fazer essa biografia tem praticamente o formato de um diário confessional. Não sei bem o porquê, mas já que está saindo tão espontaneamente, vou deixar acontecer. Não é a minha cara. Na adolescência, quando esse gênero de literatura geralmente é estimulado, eu nunca pensei em recorrer a ele e muito menos em ser cantora. Queria ser instrumentista. E aí começou a saga, como uma inábil e impaciente aluna de piano, passando por aulas de violão, que acabaram se transformando numa grande paixão até que cheguei ao ofício de cantar. Mas, vamos por partes.

Fui aprender piano aos oito anos e não gostei. Decidi tocar violão. Minha mãe resolveu que não me daria o instrumento, argumentando que estava, mais uma vez, cheirando a fogo de palha. Que eu comecei a aprender piano, desisti e que, com certeza, com o violão aconteceria o mesmo. Mas aí o Amaury, meu irmão querido, contrariando a chefe da família, me deu um violão de presente.

Não tenho histórico de músicos na família. Uma amiga, Ana Maria Romano, começou a me dar aulas – na época eu tinha 13 anos. Ela era muito jovem, um ano mais velha do que eu, mas tocava violão muito bem pra idade dela. Foram poucas aulas, acho que nem chegaram a dez, mas só de ver a Ana Maria tocar, eu já me animei. Pegava o violão e fazia exatamente o que ela fazia. Fiquei apaixonada e depois dessas aulas iniciais fui procurar profissionais, professores que efetivamente pudessem me levar adiante na minha escolha. Estudei com Paulinho Nogueira, Maria Lívia São Marcos, instrumentistas consagrados. Como morava em São Bernardo, pegava ônibus e vinha estudar aqui em São Paulo. Aprendi o clássico, mas já era apaixonada pela música popular. Fiz teoria, harmonia e composição com outro grande conhecedor, o maestro Paulo Herculano. Já cantava, bem e diletantemente, pois neste momento, o negócio era o instrumento, o violão.

Audição com suas alunas de violão em benefício da APAE

A irmã Gilca e o cunhado Tito voltando de lua de mel, sendo recebidos por Célia, então com 14 anos

Célia e as amigas de São Bernardo do Campo, aos 15 anos

Como estava indo bem, comecei a me entusiasmar e dar aulas de violão pra amigos próximos, em São Bernardo. No início, princípios básicos da música e do instrumento. Pra poucos. Mas eu me revelei uma professora paciente e dedicada. Gostava muito de ensinar. Nem eu sabia que levava tanto jeito. Em poucos anos, já fazia minhas audições de fim de ano com meus pupilos, chegando a fazer um espetáculo com mais de 70 alunos participantes. Digamos que a maioria dos meus alunos pertencia à *jeunesse doré* da cidade, portanto, filhos de pais abastados, que nos ajudavam a organizar, inclusive financeiramente, as audições que eram muito benfeitas e esperadas, e cuja renda era revertida para a APAE de São Bernardo. As aulas eram ministradas num estudiozinho que ficava atrás da minha casa.

Tudo isso, claro, começou a tomar grande parte do meu tempo. Minhas idas e vindas para São Paulo começaram a ficar mais difíceis. Foi quando me indicaram uma outra professora, Elodi Barontini, que viria a ser uma pessoa importantíssima na minha carreira e na minha vida, uma grande amiga. Ela morava mais perto, em São Caetano e dava aulas na casa dela. Nessa época eu tinha 19 anos. A Simone – futura estrela da MPB – jogava basquete em São Caetano e também tinha aulas com ela. Chegamos a ter aulas juntas. Mas, como eu já disse, a Elodi foi muito mais do que uma professora, foi a primeira pessoa que me abriu as portas do mundo encantado da música. E quem me animou a soltar a voz, a pensar, com mais seriedade, na ideia de me tornar uma cantora, além de instrumentista.

Elodi conhecia Maria Lúcia Levy, cujo pai era deputado, amante da boa música e promovia reuniões em sua casa, na qual vinham pessoas já importantes na época, como, por exemplo, o grande compositor Edu Lobo, de quem tenho uma lembrança inesquecível. Eu estava numa dessas festas cantando uma música dele. Sabia que ele estava na casa, mas não por perto. Aí, inesperadamente, ele chegou perto de mim e comentou: *Como você canta bem! Por que não canta profissionalmente?* Já imaginou o que aconteceu na cabeça da jovem aspirante a artista depois de ouvir esse comentário?

Uma outra amiga, a Cida, mulher de um respeitado juiz de São Bernardo, animada com a perspectiva de eu me tornar uma cantora profissional, conseguiu um encontro entre mim e um importante empresário da época,

Com Elodi Barontini e Earl Grant

Waldomiro Saad. Eu fui até o escritório do Waldomiro, em São Paulo, acompanhada da Elodi e da Cida. Quando cheguei, dei de cara com o falecido cantor Agostinho dos Santos e com um grande maestro uruguaio, o Pocho Perez. Chegou o empresário, conversamos um pouco e fui para o estúdio. Ao me ouvir cantar o Pocho comentou: *Essa menina canta muito bem. Porque você não grava um disco?* Eu fiquei olhando pra ele sem saber o que responder, quando ele completou: *Apareça amanhã na gravadora Continental. Quero assinar um contrato com você.* A Continental ficava na Rua 7 de Abril. Tomei um grande susto, contei pra família (nem todos reagiram bem – um tio disse que eu estava no caminho pra me tornar uma prostituta), e fui em frente. Peço desculpas se tudo parece caminhar numa velocidade vertiginosa, mas, acreditem, foi assim que aconteceu. Bom, logo depois do encontro na gravadora e do contrato assinado comecei a escolher o repertório do disco. A Continental colocou à minha disposição uma lista de compositores que

Milton Nascimento entre Célia
e sua filha Amanda

começava com a letra *A* – de Antônio Carlos Jobim e terminava em Vinicius de Moraes. Já imaginou?

A Elodi era muito amiga da Joyce – uma das cantoras, compositoras e instrumentistas brasileiras que mais admiro. Só de lembrar de alguns de seus sucessos, como *Clareana*, *Feminina*, *Monsieur Binot* e *Da Cor Brasileira* já fico emocionada. Artista completa, das mais sensíveis e talentosas a quem devo muito desse início de carreira. A Joyce me abriu muitas portas.

Fui, então, para o Rio de Janeiro, recolher repertório, com a Elodi me acompanhando. E, com a ajuda da Joyce, acabei na casa dele. Nada menos, nada mais do que Antônio Carlos Jobim. Quando cheguei, ele estava sentado ao piano, compondo *Águas de Março*, escrevendo a música que se tornaria um sucesso internacionalmente conhecido. Durante a conversa ele cantou pra mim *Chovendo na Roseira*, entre outras canções que poderiam compor o meu LP. E eu ali, vendo e ouvindo, enfeitiçada, não acreditando que tudo aquilo estava acontecendo. Por um momento me ausentei, saí de mim, de tão emocionada e fiquei divagando, olhando o estúdio do Tom, observando tudo, minuciosamente, como se nunca mais fosse voltar àquele templo sagrado. Lembro-me que o piano dele era uma maravilha de tão bagunçado. Nunca vi tanto papel, partituras, livros, lápis, jornais, enfim, indescritível. Mais tarde o Tom me contou que só ele se entendia no meio daquilo tudo. Só ele sabia onde estavam as coisas. Aí ele pediu pra eu cantar *Pois É*, seguido do seguinte comentário: *O Chico (Buarque) gravou, Celinha, mas gravou errado. Ele gravou a música errada. Grava a música certa pra mim.*

Voltei pra São Paulo com músicas de Tom Jobim, Egberto Gismonti, Joyce, Francis Hime, enfim, música que não acabava mais e, todas, de grande qualidade. Além deles, nessa ocasião, eu também conheci o Milton Nascimento, o Ivan Lins (que ainda não compunha com o Vitor Martins), Lô Borges, Márcio Borges, a mineirada toda. Fiquei quase dois meses no Rio, hospedada num hotel por conta da gravadora Continental.

Continental, um Capítulo à Parte!

Entrei pra gravadora num momento em que a Continental estava querendo investir na MPB. Comecei praticamente junto com Secos & Molhados, com o Fagner e outros grupos e cantores de talento. Depois do meu primeiro LP (de 1971), veio o segundo, de 1972 (quando gravei *Detalhes* do Roberto Carlos), e muitos outros discos. Todos se chamaram *Célia*.

Em 1977, só para comentar o tamanho do investimento e do empenho da gravadora, tive um disco produzido pelo Fernando Faro – uma lenda da música e da televisão brasileira, um sergipano doce e pequeno, dono de um talento monumental. Ele reuniu músicos do calibre do Cristóvão Bastos, Copinha, os melhores e mais caros profissionais do Rio de Janeiro e montou toda a ideia do disco dentro do estúdio. Tudo isso ficou caro. E a gravadora nem questionou. Até a capa foi um luxo, do Elifas Andreatto – um ilustrador, diretor de arte e cenógrafo que admiro profundamente e que já produziu obras antológicas. O Fernando é, igualmente, um tremendo estudioso, um grande pesquisador da MPB e conseguiu levantar músicas que nunca tinham sido gravadas de vários compositores da década de 1930 e 1940. Músicas de Bide e Marçal, Zilda do Zé, Adoniran Barbosa, e muitos outros. E a gravadora bancava tudo, da pesquisa à gravação.

Existiam, é claro, artistas populares que faziam muito sucesso, como a Perla (e outras cantoras e cantores que agora não me lembro), que vendiam o triplo do que eu vendia e, de alguma forma, o sucesso deles fazia com que a gravadora pudesse investir em uma nova aposta, que era a MPB, mesmo que pra poucos, um público mais seleto. Mais exigente, mais sofisticado, uma vez que a Continental era uma gravadora com muitos cantores populares, sertanejos, inclusive. MPB pra eles era novidade. Estavam procurando prestígio. E eu representava isso para eles. Gravei todos os meus discos pela Continental.

Mas voltando ao meu primeiro LP, quando cheguei do Rio, conheci o Fernando Faro, que me apresentou uma música chamada *Adeus, Batucada*, sucesso na voz de Carmen Miranda. Ensaiei com a Elodi ao violão, já que a ideia era colocar a música no disco e fui mostrar para o Fernando. Foi quando ele me disse que estava conversando com a gravadora sobre lançar o meu disco no programa do Flávio Cavalcanti. Que o Flávio estava querendo abrir espaço pra novos talentos e que, assim que o meu disco estivesse encaminhado, eu iria ao programa dele. O Walter Silva (o Pica-Pau) era o diretor artístico da gravadora e o disco foi feito, luxuosamente, com arranjos do Rogério Duprat. E como combinado, quando tudo já estava quase pronto, fui me apresentar no Programa Flávio Cavalcanti. Isso, claro, merece um capítulo especial. Afinal, se como disse o Bardo, *Somos feitos da matéria dos sonhos*... foi nesse momento que eu comecei a sonhar, para nunca mais acordar.

Raspando o Tacho

Eduardo Cruz era o nome do meu pai. Nasceu no dia 15 de novembro de 1912, em Campos, no Estado do Rio de Janeiro. Homem bonito, alourado, com olhos de peixe morto, como os meus, só que azuis. Era filho do vô Cândido, um espanhol igualmente celebrado por sua beleza e da *abuela* Madalena – também espanhola. Recordada por seu gênio picante. Meu avô nem tanto, mas *mi abuela* foi uma forte presença na minha adolescência.

Meu pai, como o pai dele (como rezava a lenda familiar), fazia o tipo sedutor e quando eu tinha 12 anos ele saiu de casa pra viver uma nova vida. Anos depois, se casou novamente, com a Ivonete, em Florianópolis, e teve duas filhas, Fátima Regina e Gizelda, que hoje estão na faixa dos 40 anos. Minhas meias-irmãs catarinenses.

Não é fácil assistir à separação dos pais, mas, confesso, também não foi nenhuma tragédia rodriguiana. Eu, mesmo adolescente, entendi – não me perguntem como – que aquela era a melhor saída. Quando ele e a minha mãe se casaram, moravam em Cubatão (meu pai trabalhava na Light). Tempos depois se mudaram para São Bernardo do Campo. Seu Eduardo morreu aos 62 anos, de câncer na próstata e está enterrado em Florianópolis. Como já comentei, eu cheguei a visitá-lo, poucos meses antes do seu falecimento, mas, infelizmente, não pude comparecer ao seu enterro. Ele não chegou a conhecer a Amanda, sua neta.

Minha mãe, Ilka Gonçalves da Cruz, nasceu no dia 25 de agosto de 1914, em Barra do Piraí, também no Estado do Rio de Janeiro. Era filha de Manuel Gonçalves Barbosa, português (que não conheci) e da avó Adelina, uma negra linda com cabelos lisos, de quem me lembro muito bem. Dona Ilka era uma mulata bonita, mulher forte, decidida, que, praticamente, criou sozinha os três filhos. Por outro lado, era bastante preconceituosa. Não era muito feliz com sua ascendência negra. Tinha puxado pelo lado português do meu avô, era a mais clara dos irmãos e não gostava de falar sobre o lado africano da família.

Sempre foi apaixonada pelo meu pai. Ele não. Desde pequena eu percebia que seu Eduardo pouco correspondeu ao amor que recebia da mulher. Um dia, o distanciamento resultou na separação. Mesmo depois de separados, ele estava sempre lá em casa. Quando aparecia, ela fazia de tudo para agradá-lo, preparando os pratos que o ex-marido gostava – minha mãe cozinhava muito bem. Meu pai esteve lá, presente e ausente – em desigual medida – durante toda a minha infância e adolescência. Mesmo depois de casado, já vivendo em Florianópolis, de vez em quando dava o ar da graça. Com menos assiduidade, é claro, mas aparecia. Minha mãe se comportava como uma amiga, mas eu sentia que ela ainda gostava dele. Isso sempre me incomodou, esse comportamento da Dona Ilka, essa forma masoquista de amar, de fazer *tudo por amor*, mesmo sabendo que não está sendo amada da maneira que gostaria. A presença do meu pai lá em casa, nessas circunstâncias, em alguns momentos gerava mal-estar, pois minha mãe, vez ou outra, deixava escapar um ressentimento, uma cobrança, uma reclamação que ele, claro, tirava de letra, mas ela ficava magoada, ferida

Quando minha mãe morreu, aos 72 anos, a Amanda tinha 4 anos. Ela era apaixonada pela minha filha.

Fiz o curso primário e o ginasial no Colégio São José, em São Bernardo, uma escola para meninas. O colegial foi no Colégio João Ramalho. Quando terminei, pensei em estudar psicologia, mas comecei a cantar e resolvi me dedicar em tempo integral à minha nova carreira. Foi quando precisei me mudar para São Paulo e minha mãe foi comigo. Era muito controladora. Tenho um episódio que ilustra bem: quando tinha 19 anos, fui passar a tarde na casa da Elodi, com uma turma que gostava de música. Ficávamos tocando violão, cantando e acabou ficando tarde. Decidi dormir na casa da Elodi. Avisei, mas senti que minha mãe ficou indócil. Às 6 horas da manhã seguinte ela bateu lá, na porta da minha amiga: *Vamos embora pra casa!* Fiquei morrendo de vergonha. Ela tinha medo de me perder.

Carnaval em São Bernardo

Casamento da irmã Gilca

Célia cantando no Palladium,
no show São Paulo Night Andei

Dona Ilka faleceu em 1986. Quando aconteceu, eu já estava divorciada. Ela morreu num dia e no outro eu fui fazer um show no Palladium, a nova casa do grande Abelardo Figueiredo, que acabara de ser inaugurada. Dividia o palco com amigos de grande talento, como o Peri Ribeiro. Nunca me esqueci desse momento.

Pronto, raspei o tacho. Acho que encerro aqui tudo o que poderia interessar a vocês, possíveis leitores, sobre a minha vida familiar. Quando e se precisar, volto a ela, mas, até o momento, acho que contei tudo.

Trocando em Miúdos

Sentados? Pois, então, pasmem! A primeira vez que eu subi num palco foi no Clube Pinheiros, em 1970, e cantei para e com o inesquecível Earl Grant, que ficou conhecido no Brasil – e no mundo inteiro, diga-se de passagem – pelo seu grande sucesso *The End*. Eu não falava uma palavra em inglês e fui cantar para ele, no idioma dele. O Earl foi trazido pelo meu empresário na época, o Waldomiro Saad. Ainda não tinha me apresentado em público. Foi antes do Flávio Cavalcanti, antes de tudo. Ainda estava no meio da gravação do LP e o Saad achou uma boa ideia abrir o show da grande celebridade americana com a nova promessa da cidade. Deu tudo certo, eu sempre tive um ouvido muito bom, pronunciei tudo corretamente, não cantei uma palavra errada. A música era *The Shadow of Your Smile* (Johnny Mandel e Paul Frances Webster). Ele acabou entusiasmado com a minha explícita fascinação por ele, com a minha clara vontade de cantar à sua altura que subiu no palco e cantou comigo. Foi a glória. Na verdade, quase uma inconsequência! Mas eu estava começando, não tinha grandes problemas em me arriscar. Arrisquei e deu tudo certo. Eu era muito petulante. Isso me fez lembrar uma outra história...

Quando tinha 17 anos, vinha assistir ao programa *O Fino da Bossa*, aqui em São Paulo. Dona Diva, mãe de uma amiga minha, Sandra Colucci, lá de São Bernardo, tinha uma Kombi. Ela pegava a Kombi, enchia de molecada e trazia para o Teatro Record. Como estudava violão aqui na cidade, comprava as entradas pra todo mundo, com antecedência, durante a semana. A gente vinha, assistia ao show e depois voltava. Desde essa época eu tinha uma grande admiração pela Elis Regina que, como todos sabem, apresentava o programa, ao lado do Jair Rodrigues. Depois a gente se conheceu e ela também, sempre disse, nas entrevistas, que gostava muito de mim. Do meu trabalho, da minha voz, o que muito me lisonjeava. A Elis sempre foi conhecida pelo seu gênio apimentado. E pra mim sempre foi um ídolo. Passei a minha adolescência inteira admirando aquela mulher. Sempre a considerei a cantora mais perfeita que o Brasil já teve.

Muitos anos depois, começando a minha carreira, já na trilha profissional, convidada pra fazer uma participação no programa Flávio Cavalcanti, fui

Célia cantando no Clube dos Artistas, em 1973

Célia, criadores e elenco de Por um Beijo, com direção de Myriam Muniz

Apresentação na discoteca do Chacrinha, 1975

ensaiar com o Ivan Lins. Quando chegamos à TV Tupi, lá na Urca, no Rio de Janeiro, o palco estava ocupado e nós (eu e o Ivan), fomos até um estúdio que ficava do outro lado da rua, onde tinha um piano. Tudo organizado pela produção. Estava ensaiando com o Ivan quando a porta do estúdio se abre e entra ela: Elis Regina, acompanhada de maestro e músicos. Esperou que eu terminasse a música que estava cantando, se aproximou e me perguntou: *Você vai cantar essa música?* Eu disse: *Vou!...* E ela: *Eu também!* Então eu comentei: *Então, o programa vai ficar com duas músicas iguais.* Ela disse: *Cuidado, hein!* Eu disse: *Cuidado você. Eu só estou começando.* Não sei de onde eu tirei isso, onde arrumei coragem e empáfia para falar de forma tão direta, para a temida e tão respeitada Elis Regina.

Mas o fato é que ela parece ter gostado da minha atitude. Desde então, sempre me tratou com carinho, com cuidado e muito respeito. Acho que ela gostava de ser desafiada. A gente se encontrou várias vezes nos corredores das televisões. Lembro-me de ir vê-la num show, pouco depois e ela me recebeu muito bem e assim foi durante todo o tempo que nos cruzamos. Mas, foi ou não foi coisa de uma mulher petulante?

Outra experiência que me exigiu muita coragem e ousadia foi cantar no Maracanãzinho, no Festival Internacional da Canção (FIC), em 1971, no intervalo dos resultados. Enquanto o júri decidia quem ia ou não ganhar, eu enfrentei aquela multidão, nem sei como. Cantei *Para Lennon e McCartney* (Lô Borges, Márcio Borges, Fernando Brant) e *Adeus, Batucada*, do Sinval Silva. Na verdade, ser míope às vezes tem sua vantagem, pois eu não enxergava ninguém na minha frente e isso, certamente, amenizou o choque. Lembro-me de ter me encontrado com a Lucinha e o Ivan Lins, com o Zé Rodrix e com o Nelson Motta.

Sou completamente míope desde os 13 anos. E foi assim, míope, que eu entrei pela primeira vez no palco do *Programa Flávio Cavalcanti*, em 1970. Não sei se estava nervosa além do normal, mas o fato é que o grau da miopia parece ter aumentado em questão de minutos e entrei completamente cega. E o Flávio, como eu estava sendo lançada no programa dele, já me apresentou como afilhada. Comecei a cantar *Adeus, Batucada*. Foi tudo muito mágico! Cheguei ao estúdio, comecei a me arrumar, estava com uns bobes enormes, andando pelo corredor, quando dei de cara com o Roberto Carlos. Quase desmaiei. O júri era formado pelo Dener, Mariozinho Rocha, Márcia de Windsor, Maysa, José Messias, Marisa Urban, entre outras feras. E todos, modéstia à parte, ficaram embevecidos. Foi um sucesso. Eles fizeram comentários tão maravilhosos que muitos destes comentários estão na contracapa do meu LP, que saiu logo depois. Na semana seguinte, eu voltei e cantei a mesma música. Tudo isso, na TV Tupi, Canal 6.

Logo depois teve um show inesquecível, chamado *O Show do Dia 6*, parodiando o *Show do Dia 7*, da Record. Minha participação era a seguinte: eu cantaria com seis compositores, no caso, com o Ivan Lins, com a Joyce, enfim, seis companheiros que participaram do meu disco. A Elis Regina

também participou, cantando com seis maestros. Foi no ensaio desse memorável show que eu fiz aquele comentário petulante. Depois desse momento tive uma mudança de vida radical. Mudei-me pra São Paulo e o poderoso empresário Marcos Lázaro me contratou. No ano seguinte, gravei o novo disco.

Antes do *Show do Dia 6* – me lembrei agora –, acho que no terceiro programa do Flávio que eu participei, vivi um momento inesquecível. Foi com a Maysa! Por sinal, todo mundo nos achava parecidas. Olhando pra capa do meu primeiro disco, realmente procedia. Nessa noite o Flávio pediu pra Maysa, que fazia parte do júri, que desse um *conselho à menina, que vai cantar agora*. A Maysa disse: *Eu já conheço essa menina, Flávio, sei do trabalho da Célia, já ouvi o disco dela!...* e me ouviu cantar. No final ela disse: *Pra uma*

Célia, Amanda e Myriam Muniz

No programa Fantástico, da Rede Globo, em 1975

cantora como ela a gente não dá, a gente pede conselhos. Foi extremamente generosa. Nunca me esqueci disso.

A partir desse momento nos aproximamos muito. Fiquei sendo uma espécie de irmã mais nova da Maysa. Encontramos-nos muitas vezes, saímos juntas, ficamos realmente próximas.

Outro encontro memorável foi com a intrépida Myriam Muniz. Ela tinha dirigido o show *Falso Brilhante*, da Elis Regina, em 1975 e me dirigiu em *Por um Beijo* (1978). Fui procurá-la, dizendo que queria montar um show, que minha gravadora ia produzir e eu gostaria que ela dirigisse. Convidei a Myriam e o Flávio Império. Ela já chegou me atiçando, dizendo que eu parecia um veado que a mãe não sabia que era veado, que fica fazendo poses comedidas; que não era por ser uma mulher gorda que eu tinha que ficar com os braços pregados no corpo. *Solta essa merda!*, ela vociferava. A agressividade às vezes era demasiada, mas alguém precisava me chacoalhar, e ela fez isso. A Myriam me tirou do prumo na hora certa. Foi quase uma terapeuta. Durante os ensaios ela levantou e questionou coisas importantes. Musicalmente o show não era brilhante. Não tínhamos um diretor musical. Ela fez tudo. Como atriz, fez um ótimo trabalho de *mise-en-scène*. *Vamos desprender os cotovelos da cintura. Abrir gestos largos, em determinados momentos, não é invasão, é necessidade*, ela dizia. *Mas é preciso saber quando e como!*, completou. Tudo isso, e muito mais, eu aprendi com esses dois malucos maravilhosos, a Myriam e o Flávio. Duas pessoas a quem devo muito e pra sempre!

Trabalhei, igualmente, com outros diretores geniais, que me ensinaram tudo e mais alguma coisa, como o Yacov Hillel, o Ademar Guerra e o Oswaldo Mendes, que me dirigiu em *A Louca do Bordel* e em muitos outros shows, um mestre. Trocando em miúdos, acho que eu sou e sempre fui uma mulher de sorte!

Pérolas Soltas

Não atribuo tudo à sorte. Tudo, no mundo, é uma composição, fatores interligados que geram um fato, um acontecimento, um momento menos ou mais importante da vida. Mas não posso negar que, desde cedo, me sinto privilegiada. Sempre encontrei pessoas maravilhosas que me ajudaram e me guiaram no começo, quando as dúvidas e as dificuldades são maiores.

Por outro lado, toda atenção recebida no início da minha carreira fez com que eu me acomodasse um pouco. Já me arrependi disso. Hoje entendo melhor e não me culpo tanto. Na verdade, se não tivesse esperado que as coisas acontecessem por si, que outros fizessem ou resolvessem por mim, provavelmente hoje eu teria uma carreira diferente. Melhor ou pior, não sei! Nessa época, durante as gravações dos meus discos, por exemplo, nunca tive uma atuação decisiva. Hoje, entendo que não deveria ser assim. Na minha profissão é preciso matar um leão por dia e qualquer oportunidade, qualquer pequena decisão, qualquer movimento em direção a algum lugar ou alguma coisa pode fazer a diferença. Mas isso é um aprendizado conquistado a duras penas, nos altos e baixos da carreira, no vaivém da profissão, no dia a dia do trabalho. Como tudo aconteceu rápido, de forma transformadora e radical na minha vida profissional, demorei um pouco pra entender. Mas, cedo ou tarde, a vida, essa aspérrima educadora, acaba nos ensinando.

Uma coisa eu posso dizer: faço o que gosto e com quem gosto. Essa é, sem dúvida, minha grande vitória. Respeito e admiro todos com quem trabalho. Dos músicos, arranjadores, produtores, até os compositores que me instigam e emocionam. Sinto que sou privilegiada por dar voz às composições magistrais, que nasceram da genialidade desses criadores. Sou uma fã inveterada do Chico Buarque, por exemplo. Já gravei muitas pérolas feitas por ele, fiz um programa produzido pelo Fernando Faro, na TV Tupi, só com músicas do Chico, com participação do MPB4. O Chico é tão inteligente e tão talentoso que me deixa intimidada. Foi muito respeitoso, muito atencioso comigo sempre que nos encontramos. O Ivan Lins também é admirável, como pessoa e como profissional. Já gravei muita coisa dele, composições do Ivan com Ronaldo Monteiro de Souza e depois do Ivan com o Vitor Martins. Gravei, igualmente, Vitor Martins sem Ivan. Gravei João Bosco, Roberto Carlos, sempre estive em ótima companhia. E, claro, me lembrei agora do Vinicius. Não me recordo como conheci o Vinicius, mas me encontrei muito com ele, em vários lugares. Muito querido, muito carinhoso. Já gravei composições dele (lindas!) com o igualmente talentoso Francis Hime.

Outro compositor muito importante pra mim é o Milton Nascimento. Juntos, em 1971, fomos para Venezuela, para o Primer Festival Hola Nueva (qualquer semelhança com Bossa Nova não é mera coincidência). Fomos juntos: Milton Nascimento, Pocho Perez, Luizinho Eça, Elodi e eu.

Nunca tinha saído do eixo SP-RJ. Foi minha primeira viagem internacional e na companhia dessa gente toda. Não sabia nem pegar no microfone direito. Foi no Teatro Municipal de Caracas. Fizemos um enorme sucesso: barba, cabelo e bigode. Melhor Música, Melhor Cantora Revelação, Melhor Arranjador e Melhor Compositor. Lá conheci – me lembro agora – o Luis Demetrio, autor do inesquecível bolero *La Puerta*. Lá também estavam o Armando Manzanero – grande cantor e compositor mexicano (com músicas gravadas por Frank Sinatra, Elvis Presley, Luis Miguel, Andréa Bocelli, dentre tantos outros monstros da canção internacional) e o Paul Mauriat, que dispensa apresentações.

Falar de tanta gente importante, me faz lembrar dos meus amigos, dos companheiros na vida e na arte. Da Ana Maria Romano, que me ensinou a tocar violão, e é minha amiga até hoje. Do Roquinho, que é um pouco mais velho do que eu, grande parceiro e era o *playboy* da cidade. Ele tinha um cartaz imenso, não só com as garotas. Minha mãe, por exemplo, confiava tanto no Roquinho que se ele fosse eu também podia ir. Não importava pra onde. Foi ele, por exemplo, quem me acompanhou quando eu fui cantar com o Earl Grant. A Elodi, a Simone, que depois foi morar no Rio e se tornou uma grande estrela. O querido e talentoso Zé Luiz Mazziotti (com quem fiz um disco cantando Paulinho da Viola). Tem a Laís Pires, a Lucinha Lins, que conheço há mais de 40 anos, quando ela ainda namorava o Ivan Lins. Beth Carvalho,

Com Zé Luiz Mazziotti

Jane Duboc, Célia, Lucinha Lins e Paulinho da Viola
no lançamento do CD "Pra fugir da Saudade"

Ney Matogrosso, Zélia Duncan, Arlindo Cruz, Almir Guinetto, o pessoal do samba que eu adoro. Eu amo um pagode, principalmente os que a Beth me levava, lá no Cacique de Ramos. Nossa! Quanta gente boa e quanta gente ainda por citar. Aos poucos vou apresentando meus amigos.

E o José Maurício? Meu querido José Maurício Machline, que me proporcionou momentos maravilhosos, com sua requintada companhia e grande sensibilidade. Com o Zé eu fui pra Mônaco. No início dos anos 1990, ele me ligou dizendo que estava sendo preparada uma grande festa do Brasil em Monte Carlo, organizada pela sua mãe, a elegante e sempre gentil Carmem Machline, consulesa geral do Principado de Mônaco no Brasil. Mais de cem artistas de diversas áreas foram convidados. O Emílio Santiago, o Dominguinhos do Estácio e eu fomos convocados para interpretar os sucessos do nosso cancioneiro. Lembro-me de vários artistas plásticos, da Dinha do Acarajé, do Cláudio Tovar (com os arranjos de cabeça à la Carmen Miranda, que as modelos de lá usaram), Jorge Takla, Joãozinho Trinta, Hebe Camargo e muitos outros representantes da nossa cultura. Eu fiz um show na FNAC, no Dia do Músico, e outro show no Metrópole, com a presença do príncipe Rainier e da princesa Stéphanie. O Emílio Santiago fez um show ao ar livre, que foi um grande sucesso.

José Maurício e eu também dividimos o palco, anos mais tarde, cantando e dançando no divertido e despretensioso *Os Gordos Também Amam*, com direção da Irene Ravache. O Zé e eu nos conhecemos num show da Nana Caymmi. Não me lembro onde, mas me recordo claramente quando um rapaz se aproximou de mim e se apresentou: José Maurício.

Ele perguntou se eu poderia fazer a gentileza de apresentá-lo à Nana. Achei aquilo inusitado, muito divertido, fui com a cara dele e fiz o que ele me pediu. Realmente não sabia quem ele era. Só me pareceu uma pessoa sincera, educada e com tremendo *savoir faire*. Depois trocamos telefones. Ele acabou fazendo um disco meu, na sua gravadora: a Pointer. Um disco lindo, chamado

Meu Caro, com arranjos do Gilson Peranzzetta, produção do Vitor Martins e Paulinho Albuquerque, um dos trabalhos mais belos que eu já fiz.

E agora me veio à mente o querido Toquinho. Em 1975, fiz uma temporada com o Toquinho em Punta del Este, num café-teatro chamado La Fragata. Dois anos depois voltei lá com o Zimbo Trio. Foi nesta casa que eu conheci a Nana Caymmi. Um lugar onde eu sempre gostei de cantar, onde os frequentadores verdadeiramente gostam de boa música. Apesar do movimento típico de uma casa noturna, o público (muito seleto) se comporta como se estivesse num teatro. Um espetáculo!

Cantei em algumas casas noturnas no Brasil. Quando comecei minha carreira, por exemplo, cantei na Porta do Carmo. Hoje, de vez em quando, faço ótimos projetos na Passatempo, a deliciosa casa da Lilia Klabin – uma amiga querida, incentivadora e apreciadora da MPB. Mulher admirável que merece todos os elogios e rapapés, pois tem visão empresarial e sensibilidade únicas. Uma joia. Junto com a Lilia já fiz alguns bons e vitoriosos projetos. No último, recebi, às terças-feiras, amigos como Arlindo Cruz, Zélia Duncan, Ney Matogrosso, Almir Guinetto, Beth Carvalho e José Maurício Machline – com todos dividi o palco, fazendo, semanalmente, um show íntimo e muito bem produzido. Uma grande experiência, com momentos inesquecíveis.

Raríssimas vezes tive problemas com shows em casas noturnas. Tudo é possível, é verdade: aquele aguardenteiro que não deixa ninguém em paz, os que não sossegam enquanto não pedem a música que querem ouvir, barulhos desagradáveis, conversas e comentários em indiscretos decibéis, enfim, tudo o que é possível acontecer num ambiente como este. Existem noites em que o público, realmente, não tem talento. E isso não é culpa de ninguém, é absolutamente imprevisível. Se você não quer brincar disso não deve aceitar o convite. Sempre será uma surpresa.

Outro dia, numa entrevista, me perguntaram quem eu estou ouvindo ultimamente, no rádio, em casa, no carro, etc. O repórter ficou visivelmente

José Maurício Machline, Emílio Santiago, Hebe, Joãozinho Trinta e Célia, em Mônaco

páginas seguintes – Show Célia & Son Caribe recebendo Emílio Santiago

atordoado quando disse que não gosto de ouvir quase ninguém. Que não sei ouvir música. Aí tentei explicar: o fato é que eu não escuto música, eu analiso música. Fico prestando atenção nos arranjos, quero ouvir o contrabaixo, a percussão e assim por diante. E sendo bem verdadeira, acho que rádio, atualmente, no Brasil, está muito difícil de escutar. Tem muita coisa ruim. Mas o moço insistiu e pediu pelo menos dois nomes, um nacional e um internacional. Disse Diana Krall e Marisa Monte.

E aí ele perguntou de quem eu não gostava. Não nomeei, logicamente. E da nova geração? Respondi que, na minha singela opinião, novos talentos estão cada vez mais raros. Que não tenho a menor paciência pra essa meninada que canta e grava sem ter nenhuma vivência musical. Que, por exemplo, se atreve a cantar Chico Buarque sem saber o que está cantando. Sem a menor ideia, entendimento e profundidade que a letra pede. Gente pra quem o subtexto não existe. Não conseguem alcançar, detectar a malícia, a delicadeza que, muitas vezes, está camuflada, inserida numa frase musical, numa letra menos óbvia, num acorde dissonante. Ouço muito a Zélia Duncan, o Zeca Baleiro, a Adriana Calcanhoto, mas não tem ninguém novo nessa lista. Adoraria que tivesse.

Célia e Toquinho, show na La Fragata em Punta Del Leste, 1975

No Que Me Diz Respeito

Vou parar de falar dos outros e voltar a falar de mim, certo? Vou tentar trabalhar com certa cronologia, pra facilitar a minha vida e as suas, mas, perdão, se, em algum momento, der saltos. Meus guias, neste trabalho, têm sido alguns recortes de jornal, a santa internet, minha já cansada memória e meu romântico coração. Já viram que tudo isso, junto, pode gerar erros e esquecimentos, portanto, peço prévios perdões. Vamos lá.

Já comentei que o meu primeiro LP foi lançado em 1971. O trabalho, como também já contei, começou um ano antes. A primeira sensação que tive quando meu primeiro LP chegou às minhas mãos foi de alívio. Mas logo veio o susto: não esperava a enorme repercussão que o trabalho ganhou diante da crítica. Fiquei atordoada. De repente, meu mundo se abriu de uma maneira inesperada. Logo eu, que tinha sido educada pra não olhar pro lado. Sim, porque era isso que a minha mãe dizia: ... *Mulher que olha pro lado não se dá o respeito.* Repentinamente, eu era o centro das atenções. Fui obrigada, pelas circunstâncias, a olhar pra tudo quanto é lado.

Ganhei todos os prêmios de revelação do ano. Na época a TV Record realizava, com um grande show ao vivo, a entrega do Prêmio Roquette Pinto, que agraciava os melhores do ano no rádio e na televisão. Todos os anos, a emissora convidava nomes de sucesso, como Louis Armstrong, Rita Pavone, Bill Haley, Miriam Makeba e Marlene Dietrich, para fazer um grande espetáculo durante o programa. Para aquela 21ª edição do prêmio, o escolhido foi um jovem músico americano de 21 anos que despontava no cenário musical e tocava pela primeira vez no Brasil: Stevie Wonder! Ele era novo, mas já tinha grandes sucessos, que cantou no show, como, por exemplo, *For Once in My Life*. Era a noite de 26 de junho de 1971, no antigo Teatro Record, na Rua Augusta. Eu fui eleita Revelação Musical Feminina. A Revelação Musical Masculina foi o Ivan Lins.

Clodovil Hernandes me vestiu. Meu empresário da época, o Marcos Lázaro, foi quem mandou fazer e pagou pelo vestido. Era lindo, preto, todo desigual, com pontas e pontas, muitas pontas, todas com um acabamento de pedraria no final. De caimento e acabamento impecáveis, feito num crepe finíssimo. Foi uma noite que jamais me esqueci.

Até porque aconteceu um fato divertido e muito curioso. Fiquei acomodada num camarim ao lado do Stevie Wonder, ouvindo a grande estrela internacional fazendo um *vocalize* com a ajuda de um gravador. Doida pra me aproximar. Mas não falava inglês e não tinha, naquele momento, ninguém que pudesse intermediar o encontro. Fiquei completamente impotente e não acreditando que iria perder aquela oportunidade. Mas, de repente, entra uma mulher pelo camarim adentro e eu, sem óculos, demorei algum tempo pra perceber que se tratava de, nada menos, nada mais que a Rita Lee, procurando pelo Stevie Wonder.

Disse que o camarim não era aquele, que ele estava do lado, grudei na Rita e lá fomos nós. A Rita se identificou e ele nos recebeu – chupando limão! Sob a divertida e extravagante batuta da Rita a conversa fluiu maravilhosa, ele foi muito simpático e receptivo. E, claro, logo depois, subiu no palco e fez um espetáculo inesquecivel.

Depois de tudo isso, fui comer picadinho e dançar um pouco, pra comemorar o prêmio e a noite maravilhosa, na Boate Cave, na companhia de vários amigos, entre eles, o Clodovil. Dá pra esquecer uma noite dessas?

Mas, voltando ao disco, a gravação em si, o dia a dia do trabalho no estudio foi menos surpreendente que a repercussão que o disco ganhou. A Elodi, que me conhecia bem, fez uma primeira concepção dos arranjos e passou para os maestros. Eu gravei uma voz-guia, com o trio base, ou seja, piano, baixo e bateria e depois entraram as cordas, os sopros, enfim, uma produção de respeito. Cada dia uma emoção diferente. Gravava a voz praticamente sozinha e no outro dia ouvia a mesma voz acompanhada de 80 cordas, não sei quantos instrumentos de sopro, solos magníficos. Ficava arrepiada, emocionada, mas estava em casa. Desde o começo senti que aquele era o meu lugar. Ficava lá, queria saber tudo, tinha sede de informação, acompanhava todos os passos, todas as etapas. Fiquei um pouco atônita, confesso, não tinha realizado tudo aquilo num primeiro momento. Mas não era nada que me assustasse ou amedrontasse, pelo contrário, tudo aquilo, apesar de muito maior e muito mais grandioso do que eu poderia imaginar, me fascinava.

Tinha muito trabalho além do momento da gravação. Aliás, o grosso do trabalho começava mesmo depois, quando um produtor da gravadora e eu, percorríamos todas as rádios de São Paulo e de inúmeras outras capitais pra levar o disco, dar entrevistas e mostrar as canções. A música que a gravadora estava apostando na época era *Para Lennon e McCartney* (Lô Borges, Márcio Borges, Fernando Brant), mas a que explodiu, espontaneamente, foi *Adeus, Batucada*, do Sinval Silva. Talvez pelo ineditismo: na época não era comum uma jovem cantora invocar um sucesso antigo de uma musa como a Carmen Miranda.

O segundo disco, gravado em 1972, veio no redemoinho do primeiro, ou seja, ainda estava trabalhando o disco anterior e ao mesmo tempo escolhendo músicas, compositores e arranjadores para o próximo. Uma coisa, digamos, encavalada na outra. Mas eu era muito jovem, estava adorando tudo aquilo. E no segundo LP eu já encarei feras – Roberto e Erasmo Carlos, Tom Jobim, Vinicius de Moraes, Marcos e Paulo Sérgio Valle e daí pra frente. Não podia nem pensar na responsabilidade que era gravar essa gente toda logo no começo da minha carreira, pois a minha perna tremia. Mas nunca medrei. Nunca achei que fosse incapaz de corresponder ao talento dessas feras. Como gostava muito deles, de suas músicas e os respeitava da forma certa (sem temê-los), raramente errei na mão.

Outra coisa que eu me orgulho de ter feito, durante toda a minha carreira, foi nunca ter me fechado pra músicas que considerava de qualidade porque eram rotuladas de maneira negativa e preconceituosa. As chamadas músicas bregas, caipiras e outras coisas do gênero. De um tempo pra cá isso até virou moda, a tal da *música revisitada*, mas eu já fazia isso há muito tempo, desde os anos 1970. Nunca tive preconceito. Nem em relação às músicas, nem aos compositores que a mídia considerava, por motivos muitas vezes injustos e inexplicáveis, de *segunda linha*. Se a música era boa, eu gravava. Não tinha obrigação de fazer *sucesso imediato*, como era comum em muitas gravadoras que impunham o repertório ao intérprete. Na Continental, tinha liberdade para escolher meu próprio caminho, arriscar, apostar num projeto mais ousado, menos comercial. E fui orientada a fazer isso de forma muito séria e responsável. Minha carreira e eu éramos apostas que eles estavam fazendo na MPB, portanto investiam e sabiam que era preciso arriscar. E eu arriscava.

No Meio do Caminho Tinha um Amigo. Tinha um Amigo no Meio do Caminho

A Continental, na época do meu terceiro LP, em 1975, tinha no seu elenco um cantor maravilhoso, que se chamava Wilson Miranda, que fazia muito sucesso e foi um grande parceiro. Ele me ensinou muita coisa relacionada ao momento da gravação, tecnicamente falando, de como vencer dificuldades decorrentes do processo, os macetes da profissão. Eu tinha a voz, primava pela interpretação, mas era novata, precisava aprender muito, mesmo já estando no terceiro trabalho em estúdio e o Wilson foi um camarada de primeira. Muito generoso. Acompanhava as gravações e quando eu ia colocar a voz ele fazia comentários preciosos. Foi deste momento em diante que eu comecei a perceber como muitas vezes, por motivos incontáveis, o intérprete pode adulterar o trabalho do compositor, escorregando numa nota, deixando-se levar por uma harmonia enganosa, enfim, como é preciso estar atenta, alerta, ligada pra não cometer erros que, no caso de uma gravação, ficarão registrados ali por muito tempo, pra sempre.

Compositores como Antonio Carlos Jobim, Chico Buarque, Francis Hime, Edu Lobo, Ivan Lins, Milton Nascimento, entre outros gênios da nossa música, têm um repertório sofisticado e muitas vezes dificilíssimo, que são presentes pra qualquer intérprete, portanto, precisam ser respeitados, nota por nota.

O LP de 1977 foi um primor de pesquisa e cuidado. Músicas que foram resgatadas das décadas de 1930 até 1950, canções que estavam perdidas no tempo e nós regravamos com arranjos lindíssimos. Músicas do Cartola, do Marçal, do Bide, do Ataulfo Alves, do Assis Valente, do Wilson Batista, do Zé da Zilda e da Zilda do Zé. E aqui vai uma curiosidade divertida. Numa parceria musical, quem faz a música tem o nome colocado na frente, o letrista assina depois. No caso, o Zé e a Zilda formavam um casal que compôs inúmeras canções. Por vezes ele fazia a música, então, o nome dele vinha na frente. Quando era o contrário, na frente vinha a Zilda do Zé.

Além dessas canções mais antigas, o LP ainda tinha composições belíssimas do Paulinho da Viola, Élton Medeiros e Hermínio Bello de Carvalho. O meu produtor na época, responsável pelo disco, o Fernando Faro, disse que queria me mostrar uma *descoberta* e fomos pra casa dele ouvir *Violão Amigo*, música da década de 1940 do Bide (Alcebíades Barcelos) e do Marçal. Fiquei surpresa. Era muito parecida com o *Desafinado*, do Jobim. Provavelmente a dupla passeava pelos primórdios da Bossa Nova algumas décadas antes dela surgir, de fato. Foi uma delícia descobrir essa história e gravar essa música. Devo isso, sem dúvida, a excelência musical do Fernando Faro – um exímio produtor.

Nos meus discos, sempre procurei trabalhar com produtores diferentes. Invariavelmente, isso fez com que minha trajetória, embora dentro um caminho claro, de um direcionamento bem definido, pautada num patamar de excelência, de alta qualidade na produção e no repertório, não tenha se repetido. Os discos e os CDs sempre vieram com propostas novas, ousadas, diferenciadas. Isso eu devo e deverei sempre ao olhar arguto, antenado de um produtor talentoso, que sabe conceituar o trabalho antes que as músicas, os arranjos e o próprio caminho do intérprete sejam definidos.

Um momento complicado é a escolha do repertório. Depois de muita conversa com o produtor vem a tão famosa escolha das músicas. No início, quase sempre, eu me entusiasmo com um monte delas. Já cheguei, num disco, a ouvir quase 400 composições, inéditas e já gravadas, pra tentar chegar a algo em torno de cem. Depois começa um verdadeiro trabalho de parto, porque é preciso que aquela centena de músicas que você adorou se transformem em 14 ou 15. É doloroso. Como um parto. E em todos esses momentos, o produtor será sempre o balizador, aquele que vai com o intérprete definir quais daquelas canções reúnem as qualidades fundamentais pra entrar no disco. Um trabalho de parceria, de confiança. Coisa de amigos!

Chegando aos Palcos

Embora já tenha alinhavado alguma coisa, vou dar uma pausa nos discos e falar das minhas primeiras experiências nos palcos. Comecei com um show elegante e despretensioso, na falecida Boate Igrejinha – um dos mais ecléticos espaços musicais de São Paulo, que na época recebia nomes como Maysa, Clara Nunes, Gonzaguinha, Trio Mocotó, entre tantas outras atrações respeitáveis. O show, de 1977, se chamava *Mulheres, Apenas*. O roteiro foi escrito pela Helena Silveira e dirigido por Miroel Silveira. A direção musical foi do Fernando Faro. Lembro-me de *Mulheres de Atenas*, que eu cantei de uma maneira agressiva, pois não concordava com a postura submissa das gregas buarquianas. Era jovem e impetuosa, ainda não entendia que toda aquela aparente falta de rebeldia, na verdade, era um forte ato de protesto. Mais tarde, percebi. Viva o Chico!

Um ano depois, em meados de 1978, veio o *show* que mudaria muita coisa na minha carreira. *Por um Beijo* teve sua pré-estreia no dia 15 de julho, às 21 horas, no Teatro Pixinguinha, onde ficou em cartaz de quarta a domingo, durante vários meses. A produção era da Roberto Hugo Ferrer – Produções Artísticas e Culturais, empresa do meu ex-marido, e a direção, já cantada em verso e prosa, foi da extraordinária Myriam Muniz.

De repente, Célia se revela. E explode em um espetáculo de humor e criatividade (...) É claro que sem a versatilidade de Célia seria impossível realizar o show Por um beijo, *em cartaz no Teatro Pixinguinha. Porém, a grande responsável pelo espetáculo é Myriam Muniz, que escreveu os textos e dirigiu todas as cenas dentro de uma linha circense. Flávio Império captou com versatilidade a confecção dos cenários: com chitas, mastros e picadeiros, num clima mambembe, mas sempre de um bom gosto elogiável. (...) Célia está incrivelmente bela, mostrando-se inteira, sem inibições e restrições.* Foi assim que o crítico Wladimir Soares, da *Folha de S. Paulo*, avaliou o espetáculo.

No *show* eu aparecia de Chapeuzinho Vermelho e cantava desde *Ciranda Cirandinha*, até canções do Roberto e Erasmo Carlos, Mário Lago, Custódio

Mesquita, Candeia, Sivuca, Chico Buarque, Rita Lee, Sidney Magal, Milton Nascimento, Caetano Veloso e muitos outros. Três anos antes a Myriam tinha dirigido *Falso Brilhante*, com a Elis Regina. E eu, finalmente, revelava meu lado atriz. Entrava cantando *Sou Muito Romântico*, do Caetano. O *show* era um passeio pela vida de uma artista, desde a infância, passando pelos arroubos da adolescência (quando eu cantava sucessos da jovem guarda), chegando às alegrias e vicissitudes da idade adulta, sempre emoldurada pelo clima circense proposto pelo Flávio. Alguns críticos viram semelhanças entre o *Por um Beijo* e *Falso Brilhante*, afinal, os dois *shows* foram criados e dirigidos por Myriam Muniz e tinham uma estrutura semelhante (contavam a vida de uma cantora, da infância até a maioridade artística).

Participavam do *show*, em momentos especiais, a atriz Maria Yuma (que meses antes tinha brilhado numa montagem de *Esperando Godot*) e o igualmente talentoso ator e bailarino Ismael Ivo.

O *show* foi definitivo na minha carreira, mas não foi uma unanimidade. Tive críticas bem maldosas, que, no frigir dos ovos, causaram tanta polêmica que me ajudaram a lotar o teatro. O público ficou curioso. Mas, em compensação, outro crítico disse: *A Célia modula como a Elis Regina, divide como a Elizete Cardoso e passa das notas graves às agudas com a facilidade de Sarah Vaughan*. O falecido maestro Erlon Chaves costumava dizer que Célia faz uma coisa que só os melhores cantores conseguem: passar pelos intervalos musicais mais difíceis. Foi confiando primeiro em mim e depois em opiniões de pessoas respeitáveis que levei minha carreira adiante, mesmo que em alguns momentos minhas escolhas tenham sido mal-interpretadas.

Segui minha carreira nos palcos num *show* de espetaculares alegrias, minha primeira participação num Projeto Pixinguinha, ao lado do Paulo Moura e da Cláudia Savaget, em 1979. Nós integramos o 19º. elenco do projeto. Em São Paulo, foi no Teatro Pixinguinha, sempre às 6 e meia da tarde.

Aqui, peço licença para falar um pouco do homem, do instrumentista e generoso companheiro de palco: Paulo Moura. Embora tenha alma carioca, Paulo nasceu no interior paulista, em São José do Rio Preto, e desde os 11 anos já tocava no conjunto de seu pai, Pedro Moura, em bailes populares e gafieiras. Nasceu em julho de 1932, mas a Revolução Constitucionalista impediu que o pai o registrasse, o que só aconteceu um ano depois, data que, assim, ficou sendo a oficial. Era o caçula de dez irmãos, e todos os seis filhos homens tornaram-se instrumentistas. Foi justamente vendo as fotos que seus irmãos mais velhos – trabalhando nos *shows* dos cassinos do Rio – enviavam pra família, que fizeram com que o menino de nove anos pedisse ao pai pra estudar música. Ganhou, então, sua primeira clarineta. Quanto tinha 13 anos, a família vai para o Rio e, anos depois, Paulo ingressa na Escola Nacional de Música e começa a estudar clarineta. Bom, aí ele foi se transformando no que a gente já sabe: um dos maiores instrumentistas do Brasil. Na verdade, do mundo! Não me esqueço que sempre ouvi falar do famoso espetáculo no Carnegie Hall, em Nova Iorque (1962), quando a Bossa Nova se consagrou. E o Paulo estava lá. No palco. E agora eu estava no palco com ele. Que luxo! Era a segunda vez do grande Paulo Moura no Projeto Pixinguinha.

No repertório do nosso *show*, os mais variados autores: Nelson Cavaquinho, Chico Buarque, Billy Blanco, Pedro Caetano e Paulinho da Viola. A direção do espetáculo foi do Túlio Feliciano e a direção musical do próprio Paulo Moura. Começamos pelo Teatro Dulcina, no Rio, depois São Paulo (Teatro Pixinguinha), Curitiba (Teatro Guairá), Porto Alegre (Teatro da Reitoria), Belo Horizonte (Teatro Francisco Nunes) e em Brasília (Teatro Escola Parque).

Túlio Feliciano começa o show *com a entrada dos ritmistas que vão marcando o som para a entrada do Paulo Moura e seu sax. O Paulo vai fazendo as mais variadas tessituras, modulando o seu instrumento com garra e criatividade, num sopro seguro, promovendo uma* jam session *com seus músicos, culminando com um solo do contrabaixista Zerró. A música seguinte emenda com* Mãe eu Juro *e entra Célia, macia, leve, envolvendo os ouvidos, agradando muito. A apresentação de Célia é irrepreensível. Ela é uma cantora que sabe tirar partido de todas as palavras da letra que está interpretando, usando as mãos e a expressão facial com muita sutileza, só acrescentando intenções ao trabalho do compositor* – (Wladimir Soares – *Folha de S. Paulo*, out/1979).

Em 1980, participei de *Toda Delícia*, que estreou em maio e ficou no Café Teatro Moustache, sempre de quarta a domingo. A direção foi do Iacov Hillel

– encenador requintado, com reconhecida habilidade na iluminação cênica – e contou com uma harmoniosa ambientação do Murilo Sola. O repertório do *show*, segundo o crítico Wladimir Soares, *é uma junção de segmentos que vai do lirismo das canções de Caetano Veloso ao picaresco das músicas que Chico Buarque fez para a peça* A Ópera do Malandro, *passando por uma oportuna revisitada ao cancioneiro dos Beatles, desdobrando-se em cafonices bolerescas e culminando com uma hilariante interpretação de* Vingança, *a tragédia composta por Lupicínio Rodrigues*. Ele descreveu tão bem que eu achei melhor transpor o texto do que tentar explicar.

Em outubro de 1981, cantei no Ópera Cabaré, no *show Célia*, com direção musical do Eduardo Assad. Foi uma curtíssima temporada. A direção do *show* foi do Moacir Machado

Já em 1982, fiz o *show Fogo, por Favor*, onde cantei as músicas do LP *Amor*, gravado no mesmo ano. Acho que é hora de voltar aos discos, certo?

Gostando do Palco

Errado. Pensando melhor, o caminho mais saudável, acreditem, é continuar falando dos *shows*. Volto para os discos nos próximos capítulos.

Força estreou em 8 de abril de 1983, e eu cantei ao lado de Rosa Maria e Miriam Batucada. Todas as três eram contratadas da gravadora Pointer, do José Maurício Machline (que na época também tinha o Cauby Peixoto). A ideia do Zé Maurício era desenvolver um trabalho singular até aquele momento na área do *show business*: participar não só do processo de gravação dos discos de seus contratados, mas cuidar de todos os detalhes de sua carreira, inclusive dos shows.

O *Força* – primeiro espetáculo produzido pela Pointer – estreou no Teatro Procópio Ferreira. Os estilos eram bem diferentes: a Rosa Maria, uma *jazz singer* convicta; Miriam Batucada, a mais fiel representante do debochado samba de breque paulistano; e eu defendia o repertório romântico. No *show*, nos apresentávamos quase sempre juntas, inclusive, uma fazendo *backing vocal* quando uma de nós estava solando. Tudo começava com *Muito Romântico*, do Caetano e terminava com *Lindo Balão Azul*, do Guilherme Arantes, passando por composições de Djavan, Ivan Lins, Taiguara, Paulinho da Viola e da própria Miriam Batucada. Quando eu cantava *Paixão*, do Kleiton e Kledir, me sentava num sofá em forma de boca. Lembro, também, que uma música que fazia muito sucesso era *Sina* (Djavan), que eu cantava em dupla com a Rosa Maria. O *show* foi dirigido pelo Zé Maurício e os arranjos eram do Eduardo Assad. Uma época divertida, pois conviver com as duas era o máximo, principalmente com a Miriam, neta de italianos (Miriam Angela Lavecchia), muito alegre, muito espalhafatosa, muito engraçada.

Uma vez, durante a temporada, fomos até a casa dela, num jantarzinho de amigos e a Laís, nossa produtora, notou que as plantas estavam secas. Indagada sobre o lastimável estado dos vasos a Miriam simplesmente disse: *Aqui em casa, Laís, não tem frescura. Quem quer água abre a geladeira e pega!*. E isso me fez lembrar da Laís. Uma amiga muito especial, que nesta época esteve muito próxima. A Laís Pires foi minha produtora por oito anos. Estava com a gente no *show* – fez a produção executiva – e deu um impulso muito grande na minha carreira.

Voltando à Miriam, ela era muito estabanada e a Rosa Maria, pressentindo, não quis dividir o camarim com ela. Nós nos vestíamos de branco para o *show* e numa noite predestinada, com as três já prontas, a Rosa e eu estávamos no nosso camarim esperando o início do espetáculo quando a Miriam apareceu com uma xícara de café e, num repente, sem querer, é claro, derrubou tudo no alvíssimo vestido branco da Rosa. Foi um Deus nos acuda!

Noites mais tarde, durante o *show*, ela cantava um samba de breque do Moreira da Silva quando a alça do vestido arrebentou e ela ficou com um dos seios de fora. Não perdendo o rebolado, ela virou para plateia e comentou: *Não tô falando? Pra cantar samba tem que ter peito! O meu tá aqui!*. A Miriam morreu sozinha, em 1994, no seu apartamento em Pinheiros, de infarto fulminante, e seu corpo só foi encontrado 21 dias depois pela Mirna, sua irmã. Um fato triste que, definitivamente, não combinou com o astral da nossa querida amiga.

Vento Forte, meu próximo show, estreou em julho de 1984, na Sala Guiomar Novaes, da Funarte – SP. Com este show começa meu casamento com o Oswaldo Mendes que durou muito tempo. O roteiro, a direção e os textos que eu dizia foram criados pelo escritor, jornalista, ator e homem das artes, que há pouco lançou o livro (*Bendito Maldito*), em 2009, sobre a vida e a obra do Plínio Marcos. Acho injusto não falar da grande diversidade de talentos que tem o homem e amigo Oswaldo Mendes.

O Oswaldo foi, sem dúvida, o diretor que me ensinou a enfrentar os desafios de interpretação que eu julgava instransponíveis ou, num certo momento,

ininteligíveis (no tocante a um entendimento mais profundo da letra). Quando começaram os ensaios eu fui, por exemplo, cantar *Sobre Todas as Coisas* (Edu Lobo e Chico Buarque). Tivemos uma discussão interessante, pois, outros intérpretes, como o Gilberto Gil, já tinham gravado essa música em tom de prece:

Pelo amor de Deus

Não vê que isso é pecado, desprezar quem lhe quer bem

Não vê que Deus até fica zangado vendo alguém abandonado

Pelo amor de Deus

Ao nosso Senhor, pergunte se ele construiu nas trevas o esplendor (...)

E aí segue a (maravilhosa) letra da canção – e eu (embora alguma coisa me dissesse que havia outro lugar pra letra) estava indo pelo mesmo caminho. Mas o Oswaldo insistiu e me fez enxergar que na verdade não era uma prece, mas um alerta. Uma chamada de atenção. Tudo, então, mudou na minha entonação. No meu jeito de encarar a letra. Foi muito difícil, quase que

Célia e Beth Carvalho
Ana Maria, Beth Carvalho, Leny Andrade e Célia
Célia, Beth Carvalho e Mercedes Sosa

impossível, encontrar um outro lugar pra essa poesia, mas com a orientação e a insistência do Oswaldo, eu consegui.

Quando uma cantora atinge aquela posição de segurança, tranquilidade e amadurecimento para a arte, até sua vida particular parece estar bem-resolvida. Seu semblante é um espelho desse estado, seu canto sai fácil e mavioso, como se dificuldades técnicas não mais existissem, como se a naturalidade toda de sua música fosse a coisa mais óbvia do mundo. E como é delicioso de ver uma cantora assim! Pois é o que se sente desde o início do show Vento Forte. Foi essa a opinião do respeitável musicólogo e crítico Zuza Homem de Melo. Como fiquei feliz!

O *show* tinha uma tonalidade forte, mas nem por isso eu me sentia fazendo um trabalho panfletário. Pelo contrário, era um trabalho necessário, prazeroso. Uma lufada de esperança e de força que chegava junto com a abertura política em nosso país. Na amarração do *show* surgia uma ideia, resolvida com um roteiro inteligente e uma direção coerente. A música que dava nome ao *show*, *Vento Forte* (de Edu Lobo e Paulo César Pinheiro), diz que a escuridão não impede o surgimento de sangue novo.

Também tinha, neste primeiro momento, mais imperativo, *Jogo de Roda* (do mesmo Edu e Rui Guerra) e *Barcos* (Rosa Passos e Fernando de Oliveira). Depois o *show* caminhava para o amor e suas circunstâncias. Logo em seguida, o caminho era o humor, com uma dose de malícia e crítica social. No final, ficava a sensação de que o mundo estava, inexoravelmente, em sua constante transformação e o homem deveria aprender a lidar com ela. Com generosidade, força, decisão e uma dose grande de compaixão e responsabilidade. Pra isso recorremos a outros compositores de grande talento e sensibilidade, como o Tunai, o Sérgio Natureza, Chico Buarque, Milton Nascimento e Fernando Brant.

Foi – eu tinha 13 anos de carreira – um momento inesquecível da minha trajetória. Nesse *show* eu me reaproximei do violão e toquei *Eu Sonhei que tu Estavas tão Linda* (F. Mattoso/ Lamartine Babo) e *De Onde Vens* (Dori Caymmi/ Nelson Motta). Já tinha perdido parte da calosidade dos dedos, mas consegui tocar direitinho. Nunca mais toquei em *shows*. Prefiro me concentrar no que faço melhor: cantar.

Em janeiro de 1985, fiz um delicado e breve *show* no Rio de Janeiro (só uma semana), no Arco da Velha, na Lapa. *Show* intimista, voz e violão (de Moacir Luz). Fiquei hospedada na casa da minha grande amiga Beth Carvalho. Cantei *Açucena* (Ivan Lins), *Jardineira* (Luís Avelar e Fátima Guedes) e *Por uma Mulher*, do Djavan – músicas que tinha gravado no meu LP *Meu Caro*. E ainda constavam outras canções do Tom, Sueli Costa, Milton e Edu Lobo.

De 30 de abril a 11 de maio do mesmo ano, me apresentei no 150 Night Club – Macksoud Plaza – com *Certas Canções*, acompanhada da Banda 150. *Nem moderno, nem antigo, eterno*, foi assim que eu defini o *show*, na época. Canções menos famosas de gente importante como Gilberto Gil, Chico, Caetano, Tom, Paulinho da Viola, Edu Lobo, Aldir Blanc, João Bosco, mescladas com clássicos do repertório norte-americano como *Stella by Starlight* e *Bess, You Are My Woman*, da ópera *Porgy and Bess*, de Gershwin. A mistura era essa! Eu cantava, por exemplo, *Certas Canções*, do Milton. Se quisesse ficar na moda eu cantaria, por exemplo, *Coração de Estudante*. Mas preferi relembrar *Violão Vadio*, do Baden e Paulo César Pinheiro, *A Nível De* (João Bosco e Aldir Blanc), entre outras menos famosas, mas igualmente belíssimas. Abria o *show* com *Nos Horizontes do Mundo*, do Paulinho da Viola. Estava com 36 anos, 30 kg mais magra e tinha acabado de mudar de gravadora. Tudo novo. Entre uma música e outra dizia coisas engraçadas, divertidas, sempre num improviso muito bem ensaiado.

Aqui, também, eu tive um outro toque mágico do Oswaldo Mendes, na interpretação de *Trinta Anos*, do Ivan Lins e do Vitor Martins:

Meu amor, eu já tenho 30 anos de projetos

Nada claro, nada firme, nada certo

Enfim, uma letra desafiante, e eu não conseguia encontrar a interpretação dessa música. Ficava agressiva ou panfletária, muitas vezes amargurada, resumo da ópera: quase tirei do *show*. Nunca estava satisfeita com a minha relação com letra e o que ela queria dizer. Foi quando apareceu, mais uma vez, a insistência carinhosa, objetiva, inteligente e colaborativa do Oswaldo Mendes e me indicou o caminho da *impaciência*, que, no fundo, era do que a música falava. E ele, mais uma vez, estava certo.

O Oswaldo, virginiano como eu, tinha a tranquilidade, o distanciamento e, claro, o talento pra ler o subtexto das letras, das mais simples às mais herméticas. É claro que o intérprete pode e deve dar a sua bossa, o seu toque, a sua maneira de cantar – os compositores muitas vezes se surpreendem e adoram –, mas existe, no fundo de cada canção, isso me parece indiscutível, uma primeira intenção, um primeiro movimento que gerou aquela obra. Acho que o intérprete deve se aproximar e entender esse movimento, mesmo que, depois, parta pra outro caminho. O que não dá é pra ficar adivinhando ou inventando pretextos e intenções. Isso eu aprendi com o Oswaldo. Em tempo e na hora!

Embalando os Anos 1980

Em 1985, voltei a participar do Projeto Pixinguinha. Na ocasião, tive a honra de dividir o palco com o Jamelão e a Nora Ney. A direção do espetáculo foi da Thereza Aragão e sempre recebíamos como convidados artistas locais, que variavam de acordo com a cidade onde o *show* se apresentava. O Jamelão e a Nora cantaram com a minha banda, músicos novos e ótimos. Deu tudo muito certo.

O Jamelão encantava a todos, principalmente os que se lembravam do carnaval de rua do Rio de Janeiro, nas décadas e 1950 e 1960, quando, já vestindo a camisa da Estação Primeira de Mangueira, ele puxava a multidão

Nana Caymmi e Célia

cantando em altos brados as composições de sua escola. Quando, imaginem, batucava na mesma mesa ao lado de Carlos Cachaça e Cartola – personagens das memoráveis rodas de samba, gafieiras e *dancings* cariocas da época. Foi como intérprete de Lupicínio Rodrigues que o Jamelão ficou conhecido, mas o primeiro sucesso veio de Ary Barroso, *Folha Morta*. Não esquecendo que o Jamelão também compunha e fez seus próprios sucessos: *Deixa Amanhecer*, *Não Quero Mais*, *Saudade que Mata*, *Como Ela é Boa* e *Cansado de Sofre*r, só pra citar algumas.

Célia com Abelardo Figueiredo

Nora Ney, claro, cantava *Ninguém me Ama* (Antonio Maria e Fernando Lobo), seu grande sucesso. Acabou não incluindo no repertório do *show* outro conhecido *hit* da sua festejada carreira, *Menino Grande*, que, segundo a própria Nora, o presidente Getúlio Vargas gostava de ouvi-la cantar. Os estudiosos dizem que a Bossa Nova deve muito à Nora, pelo seu estilo intimista. Ela foi precursora do grave, baixando a voz e cantando com a voz grossa, numa época em que não se fazia isso. Nora dividiu com outras divas o trono da Rádio Nacional, gente graúda, como Marlene, Dalva de Oliveira, Linda Batista e Emilinha Borba.

Eu cantei basicamente Chico Buarque, Milton Nascimento e João Bosco. Fomos pra Santa Catarina – Florianópolis e Criciúma –, Teatro Guaíra, em Curitiba; Teatro Nacional (Sala Villa-Lobos), em Brasília; completando a turnê com apresentações em Goiânia, Cuiabá e Campo Grande.

Literalmente, nos últimos dias do ano de 1985 (a primeira apresentação pra convidados foi em 30 de dezembro), estreei um show que ficaria em cartaz pelos próximos 14 meses. Falo do megashow que inaugurou o Palladium, moderna e sofisticada casa de espetáculos, em São Paulo, situada no terceiro piso do Shopping Eldorado. Era o *São Paulo Night Andei*. A proposta era jantar, dançar e ver um *show* – com interminável troca de figurinos, cenários surpreendentes e um numeroso elenco de cantores, atores, músicos e bailarinos – tão ao gosto do diretor da casa e do espetáculo, o grande Abelardo Figueiredo, um mito do gênero. Os textos eram do Manoel Carlos e as coreografias do Cyro Barcelos.

A casa, com capacidade para mil pessoas, foi decorada pelo Ciro Del Nero. A ideia do *show* era contar a história da vida noturna de São Paulo, uma viagem por cinco décadas da noite paulistana, com a participação da orquestra do maestro Briamonte. A direção geral, como já disse, era do mestre, do Abelardo Figueiredo, que comprovava sua experiência na condução e encadeamento dos quadros, ainda que, aparentemente, parecesse que não ia dar liga, tamanha a diversidade dos números anunciados. Os mais críticos não concordariam comigo. Havia quem achasse que faltava continuidade e coerência. Mas essa nunca foi uma grande preocupação em espetáculos deste tipo, cujo grande objetivo era agradar aos ouvidos e aos olhos, com músicas alegres, ricos figurinos, mágicos cenários, mulheres bonitas e muito humor. Um espetáculo festivo, por obrigação do gênero.

Agnaldo Rayol e Célia, *show* São Paulo Night Andei, Palladium, 1987
Show São Paulo Night Andei, Palladium

O *show* ia abrir com a Consuelo Leandro, mas ela desistiu na última hora, pois foi convidada pra fazer uma novela na Rede Globo. O Pery Ribeiro fazia um número perigoso. A plateia começava a ouvir a voz do Frank Sinatra no potente sistema de som da casa e, de repente, a voz do mitológico americano se calava e, ao vivo, entrava o nosso Pery, com o mesmo arranjo, muito seguro em cena. Em outro momento, Pery voltava evocando os pais, Herivelto Martins e Dalva de Oliveira.

Eu fazia um número alegre, lembrando a cantora mexicana Elvira Rios, cantando vários boleros e depois prestava uma delicada homenagem à Maysa. Ivan Lima era o apresentador, o mestre de cerimônias, costurando as cenas, fazendo uma ligação entre os quadros, com o auxílio luxuoso da adorável e bela atriz Maria Della Costa. Tinha também um grande balé e a participação das Mulatas de Ouro, sambando pra ninguém botar defeito.

A Wilma Dias – que começou sua carreira como bailarina e na TV apareceu como a moça que saia dançando de dentro de uma banana na abertura do programa humorístico *Planeta dos Homens*, da TV Globo – fazia um número de plateia, ao modo do teatro de revista. Uma verdadeira vedete, com tarimba, competência e corpo escultural. Tarefa difícil, pois esse tipo de atração cabia às grandes da época do teatro musicado, como Virgínia Lane, Mara Rúbia e Nélia Paula. No início, a Wilma ficou um pouco nervosa, mas, com o tempo, deu um banho. Dançando, no entanto, era um peixe no aquário. Brilhava como ninguém.

E tinha a preciosa presença da Madalena de Paula, que cantava dois números, incluindo sua inesquecível interpretação de *My Funny Valentine*. Em setembro de 1986, entrou o Agnaldo Rayol, substituindo o Pery Ribeiro. Seus números mais aplaudidos eram os sucessos do musical *West Side Story*. Ao todo participavam aproximadamente 60 artistas.

Tempos depois, fiz outro *show* no Palladium: *Em Dia com a Noite*, também criação e direção de Abelardo Figueiredo. Participavam Cristina Santos (irmã da atriz Lucélia Santos), Tadeu Aguiar, Paulo Goulart Filho, entre outros. Direção musical do maestro Briamonte, textos do Flávio de Souza e coreografia da Dinnah Perry e do Ricardo Ordonez.

No *show*, cada cantora convidada fazia um mês como atração principal. Quando eu estava entrando a Elizete Cardoso estava saindo e nós combinamos

de fazer a última noite dela e minha primeira noite juntas, pra comemorar o nosso encontro. Foi maravilhoso cantar uma noite com a Elizete.

Voltei ao Palladium, em 1990, em *O Show Não Pode Parar*, também do Abelardo Figueiredo. O espetáculo foi produzido pra ficar dois meses em cartaz. Acabei reencontrando dois grandes amigos de palco: Agnaldo Rayol e o maestro Briamonte, que fez belos arranjos de forma personalíssima.

Em agosto de 1987, no Macksoud, retornei ao 150 Night Clube. Foi uma temporada curta, só cinco dias, num dos *shows* mais elogiados pela crítica em toda minha carreira: *À Flor da Pele*. Acabei me esquecendo de comentar que o 150 era um espaço musical de muito respeito, que já tinha recebido talentos historicamente consagrados – Frank Sinatra, Tom Jobim e Alberta Hunter. No *show*, o repertório ia de George Gershwin a Tom Jobim, de Kurt Weill a Adoniran Barbosa, de Chico Buarque a Michel Legrand. Eram 16 composições interpretadas em pouco mais de uma hora de espetáculo.

Com Agnaldo Rayol e Wilma Dias, 1987

Um time de compositores escolhido durante dois meses por mim e pelo Oswaldo Mendes, o diretor do espetáculo. Dois virginianos que se importavam muito com o resultado final das coisas, mais ainda com o caminho escolhido pra se chegar até ele. Foi feito com muito cuidado. Longe de qualquer vestígio de amadorismo e improvisação.

Tinha lançado, há poucos meses, o meu oitavo LP *Célia – 15 anos*. Mas nenhuma música do disco estava no espetáculo. A ideia era partir, mais uma vez, pra um novíssimo desafio. No *show*, por exemplo, como o Oswaldinho (Mendes) sempre comentou, tinha músicas do João Bosco ... *que compõe basicamente pra sua própria voz e violão*. Outro desafio foi *O Tempo e o Vento*, de Tom Jobim. Na verdade, uma composição para instrumentos. ... *A voz, neste caso, é secundária. Uma música superdifícil*, lembrava Mendes. Tinha ainda *Daquilo que Eu Sei*, do Ivan Lins e Victor Martins.

A concepção visual do *show* foi assinada pela artista plástica Maria Bonomi e o figurino criado pela estilista Ornella Venturi. Os excepcionais arranjos foram assinados pelo guitarrista Beto Ianicelli, que emoldurava e harmonizava com muita graça e competência minha voz e as composições. Foram 16 músicas. Adorava cantar *Que Será?*, do Erivelto Martins; e *Speak Low*, do Kurt Weill. *Amor de Índio*, do Beto Guedes, era cantado à capela. Ficava muito emocionada quando cantava *O Amor*, o poema do Maiakovski musicado pelo Caetano.

Ainda em 1987, em setembro, participei da inauguração da casa noturna Blow Up, um novo espaço que se abria à MPB. Já em abril e maio do ano seguinte, reeditei o meu *À Flor da Pele* e levei muitas canções do *show* para o Bar da Virada, onde me apresentei às quartas-feiras. Em setembro de 1989, volto ao 150 Night Club, no *show Amanhecer*.

A Louca, a Gorda e Tantas Outras

Comecei a década de 1990 com um trabalho memorável, o *show A Louca do Bordel*, no Ópera Room. Os figurinos eram do Clodovil Hernandes, todos emoldurados por um surpreendente cenário, criado pelo Márcio Tadeu, com um biombo (repleto de fotos com homens nus), poltronas, espelhos e 350 sapatos de salto alto cobertos com purpurina e iluminados por dentro, formando uma grande ribalta em torno do palco. O Ópera Room tinha um tremendo palco, equipamento de som extraordinário e um espaço muito confortável para o publico. O nome *A Louca do Bordel* evocava as *orgias musicais* que eu promovia, misturando, sem o menor pudor, compositores reconhecidamente sofisticados, como o Tom Jobim, com a levada popular do Michael Sullivan e Paulo Massadas. O *show* estreou em outubro de 1990, no Ópera Room e depois fez vitoriosa carreira no Teatro Ruth Escobar, na Sala Gil Vicente.

Eram 35 canções no roteiro musical, com sucessos consagrados de compositores brasileiros – *Corsário* (João Bosco/Aldir Blanc), *Tango de Nancy* (Edu Lobo/Chico Buarque), *Dinorah* (Ivan Lins/Vitor Martins), *Luiza* (Tom Jobim), *Volta* (Lupicínio Rodrigues), *Risque* (Ary Barroso), caminhando até tangos e boleros, *Media Luz* (Gardel) e *Jurame* (M. Grever). Terminava com a *Habanera* de Bizet. Os arranjos eram do Leandro Braga. Pra coroar, eu me exibia seguindo uma requintada coreografia criada pelo bailarino Juan Castiglione, que também fazia uma participação muito especial no espetáculo.

O público entrava e eu já estava em cena, diante de um espelho, de penhoar, com uns cílios postiços enormes, me arrumando no palco. Tinha número de plateia: eu mexia com um homem, cantava pra ele (*Ainda lembro aquela noite/ Só porque eu cheguei mais tarde...*), fazia declarações de amor, enfim, pintava e bordava. Na estreia, o tal homem foi o Antonio Fagundes, que ficou envergonhado, enquanto o público feminino ia ao delírio. E eu, depois de ter passado pelas mãos da Myriam Muniz, se tinha algum pudor, perdi. Então, era só alegria e improvisação. Meu lado atriz voltou com a maior força. E, claro, sob a batuta esperta e elegante do Oswaldo Mendes, não tinha como dar errado. Tudo no tom. Divertido e certo! Isso também eu devo a

Irene Ravache, Célia e Luiz Mazziotti, em 1992, bastidores do programa Hebe Camargo

esses dois talentos das artes cênicas – Oswaldo Mendes e Miriam Muniz – fazer de tudo no palco sem perder a pose – *décadence avec élégance.*

Do dia 29 de agosto até 7 de setembro de 1991, quase um ano depois de *A Louca do Bordel* eu voltava ao Ópera Room, para o show *Célia – 20 Anos*. Estava com 41 anos. Livrei-me do clima teatral do espetáculo anterior, tirei a roupa da cafetina desvairada, dispensei o bailarino, enfim, fechei o bordel. A direção era do mesmo querido e competente Oswaldo Mendes e do Ademar Guerra. Três virginianos trabalhando juntos. Era luz e voz!

No repertório, uma compilação dos 20 anos de carreira. Kurt Weill, Chico Buarque, Tom Jobim, Mariano Moraes, Pedro Caetano, João Bosco, Peninha, Carlos Gardel e Djavan. Abria com *Come Together*, dos Beatles. Seguia com *Alfonsina e el Mar*, uma cançao feita por Ariel Ramirez e Felix Luna à poetisa que se matou ao se apaixonar por uma mulher. Do espetáculo passado, trouxe alguns tangos. No encerramento, eu homenageava grandes cantoras que tiveram importância na minha vida profissional e pessoal – Maysa, Elis Regina, Clara Nunes, Elizete Cardoso e Dalva de Oliveira. O bloco tinha os sucessos *Ne me quitte pas*, *Romari*a, *Canção de Amor*, *Menino Deus* e *Isto é Meu Brasil.*

Na noite de 4 de novembro de 1991, uma segunda-feira, participei do projeto *Sinfonia das Águas*, que reuniu 200 artistas no palco e 3 mil pessoas na plateia do Palácio de Convenções do Anhembi. O público adquiriu o ingresso comprando a camiseta do projeto *Parceiros do Tiete*. Apesar da noite fria, o público compareceu em bom número e com muita disposição para integrar a luta pela despoluição do rio. Dezenas de amigos subiram ao palco e apresentaram parcerias inéditas. Além dos números musicais, teve um pouco de tudo, exibição de vídeos, poesias, até números de balé. O espetáculo multimídia durou mais de três horas. Terminou perto de uma hora da madruga.

Participaram, entre artistas de diferentes gêneros e áreas de atuação, os atores Marcos Frota, Denise Stoklos, Gianfrancesco Guarnieri e Regina Duarte; a dupla Pena Branca e Xavantinho; Sérgio Reis, Renato Teixeira, Arrigo Barnabé e César Camargo Mariano; Itamar Assumpção, Antonio Nóbrega, Ratos do Porão e Tetê Espindolla; Elba Ramalho, Zizi Possi, Sá & Guarabira e Premeditando o Breque, entre tantos. O Patrício Bisso e eu fizemos um *happening* musical, vestidos como banhistas chiques da década de 1950, acompanhados pelo balé de Suzana Yamauchi. Cantamos *O Rio do Contra*, feita pelo Paulo Caruso em parceria com o Sérgio Leite. No final, todos que participamos, voltamos ao palco e fizemos um brinde ao Tietê. O Túlio Feliciano foi o diretor geral do espetáculo organizado pelo Sesc, com o Danilo Miranda à frente.

Já em 1992, mais precisamente em julho, foi a vez de *No Coração do Brasil*, um show com charme caipira. No Inverno e Verão, simpática casa de São Paulo. Dentre as 25 canções, *Ponteio* (Edu Lobo), *Ave Marinha* (Renato Teixeira, Almir Sater e Capenga), *Serra da Boa Esperança* (Lamartine Babo), *Tico-Tico no Fubá* (Zequinha de Abreu) e *Procissão* (Gilberto Gil). Com a participação dos violonistas Beto Ianicelli e Moacir Filho. Direção de Oswaldo Mendes.

Com o Emílio Santiago, na segunda semana de agosto de 1993, participei do projeto do Sesc Pompeia *Ame ou Deixe-os*, cantando a música popular romântica, desde os anos 1940. Canções que falavam ao coração por meio de um lirismo envolvente e arrebatador. Na outra semana se apresentou o trio formado por Nana Caymmi, Johnny Alf e Alaíde Costa. Fechando o projeto, na semana seguinte, Joana e Jane Duboc.

Outro projeto do Sesc, desta vez do Sesc Consolação, foi o *No Canto da Bossa*, em dezembro de 1993. Os artistas convidados foram o Johnny Alf – com seu piano maravilhoso, considerado um dos precursores da Bossa Nova –, Pery Ribeiro, Márcia, Claudete Soares e eu. Os espetáculos eram intercalados de comentários e informações sobre o estilo, que, justiça seja feita, foi um dos que mais difundiu a MPB internacionalmente. A cada dia um de nós se apresentava. Eu encerrei o projeto, no dia 10, o último dia.

E, agora, gostaria de falar de um *show* muito especial, feito em parceria com o meu amigo José Maurício Machline, em 1995: *Os Gordos Também Amam*. Na época eu pesava 115 kg e ele 101. Um musical de peso! Literalmente. Estreamos no dia 25 de maio, no Jazzmania, no Rio de Janeiro. Ficamos em cartaz até o dia 28. A Maitê Proença fazia uma participação especial e era impagável nas esquetes. O Zé e eu encarnávamos um casal de obesos que se separava com a chegada da amante. Eles se conheceram, se casaram e depois entraram numa crise conjugal. Tudo porque o gordinho conheceu

Metrópole – No Principado de Mônaco, no palco com José Maurício Machiline, 1992

uma mulher bela e magra e quase mandou sua fofinha pra escanteio. Mas, claro, tudo acabava em pizza.

A história era muito bem contada através da colagem das letras das músicas. Os figurinos, do Cláudio Tovar, propositadamente cafonas, ajudavam no clima. O cenário tinha formas arredondadas, inspiradas no pintor colombiano Fernando Botero. As almofadas tinham forma de hambúrguer. O mérito da nossa diretora Irene Ravache foi grande e indiscutível. Ela ajudou a preparar o roteiro com 40 músicas e palpitava nos arranjos. A canção *Iluminados*, de Ivan Lins e Victor Martins, ficou genial em ritmo de *rap*. Tinha ainda músicas do Chico Buarque, Fábio Jr., Tim Maia, entre outros. E contávamos com a deliciosa participação do grupo Música Ligeira (antigo Premeditando o Breque), também responsável pelos arranjos. O grupo era formado por três músicos, todos multi-instrumentistas.

No dia 6 de junho, o *show* estreou em São Paulo, no Espaço Columbia. O repertório tinha até o *Passo do Elefantinho* (do Henry Mancini) e três músicas inéditas do publicitário Nizan Guanaes. Numa delas ele homenageia fofos célebres, casos do Faustão e do Jô Soares. Na época, o Zé Maurício apresentava o programa musical *Por Acaso*, na Rede Bandeirantes. Em São Paulo, Lucinha Lins, Maitê Proença e Cláudia Ohana participaram (em dias alternados) no papel da magra que ameaçava a união do casal apaixonado, formando o divertido triângulo amoroso. Sem grandes pretensões e sempre em clima de deboche, o espetáculo parece ter atingido sua meta, divertir a plateia. A coreografia era da Gabriela D'Elias e o *show* tinha aproximadamente uma hora de duração.

De Volta aos Estúdios

Antes de prosseguir com os *shows*, acho importante tecer alguns comentários sobre as gravações dos LPs realizados nos anos 1980 e do meu primeiro CD. Lembro igualmente à distinta platéia, quero dizer, aos distintos leitores, que sou virginiana. Crônica! Traduzindo: datas e cronologia são importantes pra mim. Portanto, se algumas vezes o texto tomar um tom de relatório, inventário, ou coisa que o valha, peço que me perdoem. Mas eu sou assim! Não resisto!

Em 1982, saiu o LP *Amor* que, admito, não trouxe nenhuma novidade. Na verdade eu repeti muitas músicas de discos anteriores e resultou num produto sem grandes pretensões.

Já o *Meu Caro*, feito pela Pointer, a gravadora do José Maurício Machline, que saiu no ano seguinte, foi um requinte. Tinha, por exemplo, os arranjos do Gilson Peranzzetta e a produção do Vitor Martins e do Paulinho Albuquerque. O José Maurício não economizou.

Na alternância natural da vida, o próximo, de 1986 – *Célia 15 Anos* foi inexpressivo. Nada de novo, nenhuma ousadia. A destacar somente o *pot-pourri* que eu fiz em homenagem à Maysa.

Louca de Saudade, meu primeiro CD, saiu pela Velas, gravadora do Vitor Martins e do Ivan Lins, em 1993. O grande sucesso foi a primeira faixa, onde eu fundi *Isto é o meu Brasil*, do Ary Barroso, com *Estação Derradeira*, do Chico Buarque. Uma ideia do Oswaldo Mendes que ficou simplesmente fantástica. Além dessa faixa eu gravei *Guacyra* (Joracy Camargo e Hekel Tavares) e *Tristeza do Jeca* (Angelino de Oliveira), que ficaram igualmente lindas. E regravei *Adeus, Batucada*, do Silval Silva, que estava no meu primeiro LP, de 1971.

Esse trabalho deu tão certo, foi tão prazeroso o resultado, foi tão bom que acabou provocando uma situação inusitada, mas muito bacana. Estava eu no Programa do Clodovil, dando uma entrevista, divulgando o CD e quem estava lá, esperando para ser entrevistado, era o Sr. Antonio Ermírio de Moraes.

Entro, canto, sento após a apresentação e, no intervalo, o Clodovil, com aquele jeito impulsivo que lhe era próprio, acercou-se do Sr. Antonio Ermírio e sugeriu que ele patrocinasse o lançamento do meu CD, assim, do nada. Fiquei morrendo de vergonha, mas como estava diante de um homem que, além de empresário bem-sucedido, é a elegância em pessoa, fiquei mais sem graça ainda quando ele tirou um cartão do bolso, pedindo que eu entrasse em contato com a sua secretária no dia seguinte. No outro dia, claro, eu liguei e tudo se cumpriu. Fizemos uma belíssima festa de lançamento, com show, coquetel, convites... e tudo mais, graças à impetuosidade do Clodovil e à sensibilidade de Sr. Antonio Ermírio. Aí eu volto a indagar: sou ou não sou uma mulher de sorte?

Em 2000, veio *Pra Fugir da Saudade*, que fiz em companhia do meu talentossíssimo parceiro Zé Luiz Mazziotti – de quem falarei adiante. Um belíssimo CD cantando Paulinho da Viola. Paulo Amorim deu a ideia e fizemos pela gravadora dele, a JAM Music. Paulinho da Viola canta com a gente e o CD é todo em azul e branco, as cores da Portela. O CD foi lançado num navio. Tinha, entre várias pérolas, *Coração Leviano*, *Timoneiro*, *Pecado Capital*, *Argumento*, entre outras.

Entre Mambos e Canções para Cortar os Pulsos

Comemorei minhas bodas artísticas de prata, ou seja, 25 anos de carreira, com quentes ritmos latinos. Mambos, salsas, boleros, pachangas e rumbas, muito bem acompanhada pelos rapazes do Son Caribe. A produção foi da Laís Pires, que foi ver um *show* do grupo, ficou encantada e teve a feliz ideia de nos juntar. Entre os sucessos estavam *Guantanamera, La Barca, El Cumbanchero, Frenesi* e *Perfídia.* O Son Caribe, na época, era formado por dois panamenhos, um porto-riquenho, um peruano, um inglês e um brasileiro, o vibrafonista André Juarez.

Em julho de 1996, a casa de espetáculos Tom Brasil, na Vila Olímpia, abria, com o nosso show – *Célia & Son Caribe* –, o Espaço Vinicius de Moraes, com capacidade para 250 pessoas. O nome do projeto que inaugurou o espaço foi *Revendo a MPB*. Terças e quartas, às 21 horas. Todas as noites um ou mais convidados participavam. Na estreia, Emílio Santiago e José Maurício Machline. Nas outras noites, Cauby Peixoto, Jair Rodrigues, Lucinha Lins e até os atores Marco Ricca, Jussara Freire, Susy Rêgo e Adriana Esteves. A direção era do parceiro Oswaldo Mendes.

Quase um ano depois, mais precisamente em abril de 1998, dei início a outro trabalho maravilhoso: *Ame*, ao lado do meu amigo Zé Luiz Mazziotti. No mesmo espaço onde fiz meu divertido show com o Son Caribe, Sala Vinicius de Moraes da Casa Tom Brasil. A ideia era cantar o amor – o desesperado, o fracassado, o bem-sucedido, o do filho pelos pais, o amor pelo canto. A música que dá nome ao *show* nasceu de uma parceria de Paulinho da Viola e Elton Medeiros. O Zé Luiz é um luxo. Além de tocar um violão impecável, o Zé é um cantor cultuado entre os que gostam de boa música. Preciso, não erra uma nota. Seu primeiro disco (gravado em 1979) foi produzido pela Nana Caymmi, com arranjos do Dori. O segundo, de 1995, teve produção da Leny Andrade.

Como a gente completaria 50 anos de idade, eu e o Zé colocamos no repertório a inesquecível canção *50 Anos*, samba lento e intenso de Cristóvão Bastos e Aldir Blanc, cuja primeira gravação foi também do Paulinho da Viola. Uma canção de amor à vida. O roteiro e a requintadíssima direção ficaram a cargo do Helton Altman. Sendo brega ou sofisticada, música brasileira, invariavelmente, fala de amor. Ouso dizer que, historicamente, os maiores sucessos da MPB são canções de amor.

O *show* abria com a voz do poeta Hermínio Bello de Carvalho, dizendo os versos que escreveu para *Isso é que é Viver*, de Pixinguinha. O primeiro número cantado era o samba lento *Saudade que não se Desfaz* (Sombrinha e Franco). Depois o Zé entrava com *Samba e Amor*, que emendava com Eu te Amo, ambas do Chico. Juntos, cantávamos os versos de amor dilacerado que o Vinicius escreveu para Canto Triste, do Edu Lobo.

Num momento do *show* cantávamos músicas tradicionalmente interpretadas por casais – *Sem Fantasia*, do Chico Buarque e *Samba em Prelúdio*, do Baden Powell e Vinicius de Moraes.

Em março de 2004, o Zé e eu voltamos a nos encontrar no *Célia e Mazziotti cantam Adoniran*, onde a obra do sambista do Bexiga foi lembrada em nova edição da série *Saraus Literomusicais Paulistanos*. Como não podia faltar, cantamos: *Trem das Onze*, *Saudosa Maloca*, *Samba do Arnesto*, *Tiro ao Álvaro* e *Iracema*, inspirada numa trágica notícia de jornal. A homenagem ao cronista do Bexiga foi dirigida pelo Oswaldo Mendes e a diretora Neyde Veneziano participou como mestre de cerimônias.

Célia canta Maysa e Dolores Duran estreou em 2009, mais precisamente no dia 7 de janeiro, no Sesc Pinheiros. No repertório, *Ouça*, *Meu Mundo Caiu*, *Fim de Caso* e a inédita *Nós*, parceria póstuma de Maysa com Julio Medaglia (registradas no CD-tributo *Maysa, Esta Chama que Não Vai Passar*, de 2007), além de *A Noite do Meu Bem* e *Olha o Tempo Passando*, de Dolores Duran, outra especialista em canções de fossa. Minha ligação com Maysa, profunda e antiga, foi cantada e contada neste *show*, em que fui acompanhada apenas pelo piano de Hamilton Messias. Canções pra cortar os pulsos. Era um *show* lindo, mas, soturno, denso, onde ficava difícil encontrar um lado ensolarado. Mas a emoção ficou à flor da pele. Inesquecível. O *show* foi dirigido por Thiago Marques. E, com ele, começa uma nova fase da minha carreira.

Célia e Son Caribe – Inauguração do Espaço Vinícius de Moraes (Tom Brasil 1996)

Novas Parcerias e Vida pra Frente

O Thiago Marques é um talentoso produtor, um grande estudioso da MPB. Uma vez ele fez um trabalho pra Warner e queria incluir uma gravação minha no CD que estava produzindo. Conversou com o advogado da Continental, que acabou me consultando, e, aí, no meio disso tudo, eu acabei conhecendo o trabalho dele e me interessando pela seriedade com que tudo estava sendo feito. Logo em seguida nos conhecemos e o Thiago me disse que tinha um material enorme sobre o meu trabalho. Fiquei curiosa. E realmente ele tem mais informações sobre a minha carreira do que eu mesma. E isso tudo acabou nos aproximando.

Um dia me convidou pra participar de um *show* que ele estava produzindo e eu aceitei, pois nessa altura já tinha percebido a dedicação e a seriedade deste jovem produtor. A partir daí virei figurinha fácil nos projetos do Thiago. Sempre que podia, que a agenda permitia, estava participando. Até porque, os projetos eram sempre tão benfeitos, que era difícil não me interessar. Algum tempo depois, a gravadora Biscoito Fino contratou o Thiago pra produzir um CD em homenagem à Maysa. Ele, então, num gesto carinhoso, pediu que eu gravasse a única música inédita do CD, já que eu e a Maysa tínhamos sido bastante próximas.

E, claro, como somos duas pessoas inquietas e criativas, em pouco tempo já estávamos fazendo planos. E, entre as ideias que surgiram, veio uma vontade antiga de fazer um CD somente com violão e voz. E assim nasceu, em 2007, *Faço no Tempo Soar Minha Sílaba*.

O grande violonista Dino Barioni e eu tínhamos feito um *show* alguns meses antes e o Thiago assistiu. E, claro, o Dino era o parceiro perfeito. Ideia aceita começamos a pensar mais seriamente no assunto e o Thiago, que é um grande pesquisador, vasculhou o cancioneiro nacional em busca de pérolas e achou, por exemplo, *Dúvida*, uma valsa linda do Luiz Gonzaga que eu gravei com o Dominguinhos, especialmente convidado. Trouxe, também, *Serra da Boa Esperança*, do Lamartine Babo e *Geraldinos e Arquibaldos*, do Gonzaguinha.

Célia com Cauby Peixoto

Célia com João Bosco

Tivemos outras convidadas especialíssimas, como a Zélia Duncan, que cantou comigo *Disritmia*, do Martinho da Vila, com o auxílio luxuoso do Quinteto em Branco e Preto. A Lucinha Lins participou cantando o *Vacilão* (Zé Roberto) e a Beth Carvalho me deu a honra de compartir *Pressentimento*, do Elton Medeiros e Hermínio Bello de Carvalho. Instrumentalmente falando, é bom ressaltar, tivemos algumas participações especiais em algumas poucas músicas (com o Quinteto e percussão), mas a maior parte do CD é toda por conta do Dino, que tocou violão, viola, viola caipira, violão de sete cordas, bandolim, cavaquinho, enfim, quase todos os instrumentos de corda possíveis.

Para o encarte do CD escreveu o letrista-compositor Hermínio Bello de Carvalho: *Cantora e intérprete, quase nem sempre andam juntas. No caso de Célia, não. Ela sabe ler nas entrelinhas, ajusta-se aos versos, e a eles se entrega com emocionante dadivosidade. Célia ama a música, e por ela é correspondida. Eu amo Célia, e é um régio presente dos deuses reouvi-la tão bem produzida e magnificamente acompanhada*. O lançamento do disco foi no Sesc Pompeia e teve críticas maravilhosas.

O Lado Oculto das Canções, meu cd produzido pela Mesa 2, chegou com uma história curiosa. Começou quando um amigo, o Dr. Fernando Leça, presidente do Memorial da América Latina, me convidou para fazer um trabalho no teatro da fundação. Adorei o convite, mas precisava de alguém que me ajudasse a transformar a ideia em produção. Foi quando me lembrei de um outro Fernando, igualmente amigo e talentoso, o Fernando Cardoso. Não tinha dúvida que com a participação dele uma boa ideia viria, e veio: uma homenagem à Carmen Miranda, a musa que inspirou minha carreira nos primeiros momentos, pois foi com *Adeus, Batucada* – um *hit* na voz de Carmen, dos anos 1940 – que eu conheci meu primeiro sucesso.

E assim nasceu *Na Batucada da Vida*, um espetáculo lindamente produzido pela Mesa 2 (uma das produtoras mais atuantes em São Paulo, do Fernando Cardoso e do Roberto Monteiro), onde eu, até hoje, divido o palco com duas deliciosas e pra lá de talentosas amigas: Lucinha Lins e Virgínia Rosa. A direção e o roteiro são do Fernando Cardoso. É um show que está sempre voltando. Vira e mexe somos convidadas para apresentar o espetáculo em algum lugar e aí, juntamos a banda, os belíssimos trajes criados pelo premiadíssimo figurinista e amigo Cláudio Tovar e pegamos a estrada. E, claro, um projeto tão bem-sucedido tinha que gerar outros projetos. E, assim, na convivência quase diária com o Fernando Cardoso e o Roberto Monteiro da Mesa 2, surgiu a ideia do novo CD.

Foi neste momento que eu recorri a uma das pessoas mais generosas e sensíveis que conheço: a grande amiga Lilia Klabin. Fui ao Passatempo, a casa noturna que ela dirige, e disse que eu queria fazer um novo CD. Que estava num momento especial, trabalhando com pessoas especiais e tinha certeza que aquela era a hora. Estava subtendido que eu precisaria de um patrocínio e que eu esperava que ela participasse, investindo na ideia. E ela, como sempre, não se furtou. O que era um sonho tornou-se realidade graças, principalmente, a essa mulher sensacional que é a Lilia Klabin.

Os planos, então, começaram a sair do papel e era preciso conceituar o novo CD. Ficamos pensando e o Fernando Cardoso veio com uma ideia imbatível: fazer um trabalho comemorando meus 40 anos de carreira, cantando músicas e compositores que eu nunca tinha gravado. Embora o meu primeiro LP tenha saído em 1971, em 1970 eu já estava no estúdio e nos palcos do Flávio Cavalcanti. Portanto, minha carreira é mesmo *quarentinha*.

Meu amigo e DJ Zé Pedro também merece ser muito bem lembrado nessa história, pois muitas músicas foram sugestões dele. Fora as inéditas que ele descobriu e trouxe para o CD. A do Zeca Baleiro, inédita, foi ele quem conseguiu. A da Adriana Calcanhoto também. E tem uma música maravilhosa que veio do Fernando Cardoso: *Não se Vá*, da Jane e do Herondi, que eu gravei com o Ney Matogrosso. Um amigo querido, de muitos anos. Em seguida conto um pouco dessa nova aventura, *O Lado Oculto das Canções*. Um nome, vocês verão, mais do que adequado à proposta do trabalho. Mais uma contribuição do Zé Pedro.

No navio Costa Alegra, com Zé Luiz Mazziotti (violão)
e Marcos Baboo (percussão)

Precisando de Mim

Quando a música precisa de mim. Este é o ponto. Nem sempre uma música precisa de você. Mas quando você consegue perceber, analisando com cuidado, que existe alguma possibilidade interpretativa que ainda não foi explorada e que ela é importante, aí sim, a música precisa de você.

Nem sempre é fácil descobrir essa relação. Muitas vezes achamos que a música já disse a que veio e a possibilidade de reinterpretá-la passa despercebida num primeiro momento. Quando me foi sugerido gravar *Sonhos*, do Peninha, eu não quis. Achei exatamente isso: muita gente já tinha dado a sua opinião sobre aquele caso de amor malfadado (e por demais conformista para o meu gosto) e achei melhor partir pra outra música. Mas foi exatamente quando fiz essa primeira análise – imediata e objetiva – que a pulguinha se instalou atrás da minha orelha. A primeira impressão que eu tive da letra é que se trata de alguém resignado, com um grande grau de superação, praticamente um iluminado, que se conformou em ser relegado por outra pessoa no momento em que estava no auge do seu amor. Um ser humano que se tornou quase um dependente de outro ser humano e que, quando estava vivendo os melhores momentos de sua vida, foi abandonado. Trocado. Literalmente colocado de lado porque um novo e inesperado sentimento brotou no coração de seu grande e, como já disse, malfadado amor.

Aí vem:

Mas não tem revolta, não
Eu só quero que você se encontre
Ter saudade até que é bom
É melhor que caminhar vazio
A esperança é um dom
Que eu tenho em mim
Eu tenho sim
Não tem desespero, não
Você me ensinou milhões de coisas
Tenho um sonho em minhas mãos
Amanhã será um novo dia
Certamente eu vou ser mais feliz

É conformismo demais, pensei. Nem Madre Tereza teria tanto desprendimento. Ou esse amor – pelo menos no grau que ele parecia existir – era uma mentira. Foi então que eu percebi uma nova leitura possível: num primeiro momento o baque foi tão intenso e o amor era tão sublime, que conseguiu, em meio à dor e ao desespero inicial da perda, encontrar alguma coisa de bom naquele inevitável processo de separação (uma vez que a outra pessoa se apaixonou irreversivelmente). Mas isso dura um tempo, enquanto se está anestesiado, enquanto o dente está sendo arrancado. Quando, no entanto, a anestesia passa os incômodos aparecem.

Nem que seja só um inchaço no rosto, pois foi um procedimento complicado. O *dente* não saiu fácil. Foi um processo traumatizante. Violento. Doloroso. Partindo do pressuposto que não estamos falando de uma santa e muito menos de uma mulher masoquista percebi que essa dor, em algum momento, explodiria. Nem que fosse de forma irônica e distanciada, mas uma vingançazinha estaria a caminho. Na música isso foi traduzido da seguinte maneira: comecei numa oitava abaixo, relatando:

Tudo era apenas uma brincadeira
E foi crescendo, crescendo, me absorvendo
E de repente eu me vi assim completamente seu
Vi a minha força amarrada no seu passo
Vi que sem você não há caminho, eu não me acho
Vi um grande amor gritar dentro de mim como
eu sonhei um dia
Quando o meu mundo era mais mundo
E todo mundo admitia
Uma mudança muito estranha
Mais pureza, mais carinho, mais calma, mais alegria
No meu jeito de me dar
Quando a canção se fez mais forte e mais sentida
Quando a poesia realmente fez folia em minha vida
Você veio me falar dessa paixão inesperada
Por outra pessoa

Relatada a história, de uma maneira sensata e objetiva, a nossa personagem começa a falar da consequência dessa tragédia particular. Da primeira vez eu cantei no mesmo tom, tentando passar um conformismo inicial – alguém que tenta acreditar que tudo aconteceu porque tinha que acontecer. Que todo amor um dia acaba. Talvez mais cedo e de uma forma inesperada. Ninguém acha que o tempo que acontece é o tempo certo, nem espera pelo fim quando se está envolvido e acreditando que é recíproco. Certo? Errado!

Quando eu volto para a segunda parte da música: *Mas não tem revolta, não...*, coloco um tom pesado, como quem diz, *pode até parecer que eu estou conformada, deixando a vida correr, que o que você fez comigo é compreensível e perdoável, mas, no fundo, vendo como você foi inconsequente, imprudente com os meus sentimentos, quero mais é que você morra!*

Pronto! Falei! Ou melhor, cantei! Ah, e no final eu ainda pergunto: *certamente eu vou ser mais... feliz?* Será? Pode ser. Por enquanto ainda estou me questionando. Conclusão: *Sonhos* precisava de mim!

Há também que respeitar o CD como um todo, o conjunto da obra. E a personalidade artística que você talhou ao longo dos seus anos de carreira. Afinal, os seus admiradores esperam sempre uma renovação positiva, um desafio proposto e vencido, uma sofisticação do seu estilo, mas dentro de parâmetros claros e honestos de comprometimento.

Vou tentar me explicar melhor. Quando revolvi gravar *Se não for Amor*, do Benito de Paula, por exemplo, ficou muito claro que se trata de um samba bonito, com letra e música de qualidade, mas que o surdo – instrumento que entra invariavelmente em quase todas as gravações dessa música – na minha versão ficaria de fora. O CD não permite. No meu CD, o sambão virou um samba sutil, de caixinha de fósforo. Quando a melodia vai crescendo em certo momento parece que vai entrar um surdão chamando: *Vem comigo, meu povo!*. Não. *Não vem comigo, meu povo!* Não no meu CD. É uma questão de personalidade artística. Dificilmente num *show* meu alguém se atreve a cantar comigo. Primeiro porque eu não convido. Segundo porque, geralmente, o clima é mais introspectivo, mais íntimo, mesmo que eu esteja cantando o samba-enredo da Mangueira. Faço *shows* para as pessoas escutarem a minha voz, não pra cantarem comigo. Alguns intérpretes não se incomodam e até provocam, naturalmente, uma vontade do público de participar. O que, diga-se de passagem, não é demérito. Pelo contrário. Há cantores e cantoras, como a Beth Carvalho, que têm voz e apelo tão populares que num *show* quando ela diz: *E eu disse coisinha...* ! Imediatamente a próxima estrofe *Oh! Coisinha tão bonitinha do pai...* passa a ser cantada pelo planeta inteiro. Ela traz. Ela chama. Ela sabe como fazer isso. Mas se eu soltar um *E eu disse coisinha...!* Ninguém vai cantar comigo. É tão somente uma questão de estilo musical.

Há, também, outros desafios: descobrir qual é a personagem que canta aquela música específica. Muitas vezes não é a Célia. É uma outra. Este estranho e corriqueiro caso de *esquizofrenia musical* aconteceu, por exemplo, quando escolhemos a música *Vinho Antigo* (Cláudio Rebello e Dalto), que foi gravada com sucesso pelo Byafra, para abrir o meu CD. Transcrevo parte da letra abaixo para que possamos conversar melhor:

Sabe, você tem um jeito todo especial quando diz te amo
Fica com um ar de quem amou e foi a primeira vez
Você foi o melhor dos sonhos, o melhor do meu passado
Sabe amor, eu vou querer você sempre do meu lado
Sabe, você tem alguma coisa que me faz sentir eterno
Tem esse calor que me aquece e me protege do inverno
Você é como um vinho antigo, tem um sabor tão diferente
Sabe amor, o que importa é o que a gente sente

Trata-se, convenhamos, de uma letra romântica, sentimental, quase ingênua. Pensei, então, em gravar numa tonalidade mais aguda, para que a personagem que eu represento na música fosse uma mulher mais jovem. Sonhadora. Envolvida com aquele novo encantamento. Cantar num tom mais espesso, num lugar mais grave ia, seguramente, apresentar uma mulher defasada, nostálgica, pesada. Quase cafona. Quase vulgar. Com um pouco mais de viço, frescor, de jovialidade, a música foi para outro lugar. Invocar certo grau de *inocência* foi bacana pra música.

Brincando Em Cima Daquilo

Fiquei pensando no que eu disse no capítulo anterior e agora que algumas horas já se passaram, penso que ainda tenho o que falar sobre o assunto. Quando do palco eu sinto que a plateia se empolgou de alguma maneira e começou a cantarolar, eu desço o volume da voz e deixo o público cantar. É raro, mas acontece. Como já disse, não provoco. Não sei brincar disso e quem não sabe brincar fica de fora, certo? Mas, se acontece, eu encaro. À minha maneira. Não tenho como propósito nem como missão provocar qualquer tipo de catarse, de euforia contagiante ou de histeria coletiva. Não sou roqueira e muito menos uma cantora aeróbica. É, volto a dizer, uma questão de estilo musical. Não me lembro, por exemplo, em toda a minha carreira, de ter cantado, num *show*, uma música que não precisasse do mínimo de concentração. Não conseguiria ficar pulando e cantando ao mesmo tempo. Nem quando eu era jovem. E mais magra! Penso que as pessoas compram um ingresso do meu *show* pra ouvir a minha voz, para compartilhar comigo de uma experiência vocal, de um trabalho que construo dia a dia, durante 40 anos, acreditando que o melhor de mim vem do meu trabalho de intérprete. Aí alguém me pergunta se eu gostaria de cantar no Maracanã, fazer um *megashow* para milhares de pessoas num tremendo estádio de futebol. Claro que quero, respondo. Contanto que, um dia, eu consiga lotar um Maracanã com pessoas que queiram me ouvir cantar. Do jeito que eu sei e gosto.

O que não quer dizer, digo mais uma vez – e direi sempre – que eu não me divirta e tenha como propósito único e indiscutível ficar num lugar sóbrio, enfadonho, abstinente. Nada disso. Em vários *shows* fiz números de plateia, inventei personagens que sentavam no colo dos convidados. Em *A Louca do Bordel* dava a maior pinta jogada numa *chess long*, com uma enorme piteira entre os dedos e o Juan Castiglione, bailarino que dividia o palco comigo, acendia o cigarro com um isqueiro em forma de seios que piscavam. Era cafona, mas premeditado, diversão assumida e totalmente inserida no contexto do espetáculo. Era o momento *kitsch*, uma pitada de ousadia cênica, uma personagem que fazia suas diabruras. E tenho orgulho de afirmar que quando essa proposta aparecia nos meus *shows*, invariavelmente – na verdade, com raríssimas exceções –, ela foi plenamente compreendida. Amigos, público ou críticos não pensavam que eu estava facilitando, fazendo gracejos, tentando dar uma *amaciada* para ser engraçada, mais popular, apelativa. Nunca deixei de lado a qualidade vocal, nem a sofisticação do meu trabalho porque resolvi brincar em cena. Não é preciso esculhambar com a música, desrespeitar os arranjos, sair improvisando pra dar vida ao trabalho. É possível e imprescindível que se faça tudo com dignidade. Mesmo *brincando* nunca dei *papinha* pra ninguém. Criança é quem come papinha. Adulto que vai ver um trabalho meu tem que chegar com dentes afiados, garfo e faca. Não facilito e pronto!

Existe no ar, igualmente, uma busca contagiosa, agressiva e incessante pelo moderno, pela contemporaneidade, pelo estilo *high tech* de ser. Morar, viver e forjar uma carreira numa metrópole tão poderosa econômica e intelectualmente – e tão cosmopolita – quanto São Paulo não é fácil. Como tudo, tem seu preço. E eu praticamente construí minha vida artística aqui. Se, por um lado, o acesso é grande, a cobrança é maior. É preciso personalidade forte e bem sedimentada para honrar um conceito, preservar a essência, segurar com mão firme e consciente sua proposta de trabalho, que pode se desintegrar diante dos modismos, dos apelos popularescos, econômicos e tecnológicos que surgem diuturnamente. E, ao mesmo tempo, claro, é necessário se abrir, trocar, absorver o que é importante, não se ensimesmar a ponto de provocar o próprio engessamento, de não perceber a beleza e a importância do novo, da mudança concreta, evolutiva e inexorável da humanidade. Parece até que eu estou brincando de filosofar, mas só estou falando do meu jeito de fazer música.

Eu Sou da Garoa

Amo São Paulo! Mas pensar na possibilidade de morar longe de São Paulo não foi e nunca será um problema. Já passei um tempo no Rio de Janeiro, já me encantei com outras cidades mundo afora e, se uma boa oportunidade profissional surgir, ou mesmo uma vontade inusitada aparecer – movida por um novo amor, pela família, seja o que for –, vou sem medo. Eu sou da garoa, é verdade. Mas não me incomoda a mudança, o novo, o inusitado.

Mas, existem outras questões relacionadas à minha vida e sobre as quais eu não saberia como me posicionar. Por exemplo: minha vida sem a música. Não sei como seria. Aquela célebre pergunta que as revistas adoram fazer: Se você não fosse cantora o que você seria? Cantora, sem dúvida! Uma lavadeira que passaria as tardes cantarolando, uma médica que invariavelmente cantaria pelos corredores do hospital, uma corretora de imóveis que juntaria o dinheirinho para fazer o seu primeiro (e talvez único) CD, enfim, da música eu nunca escaparia. E é uma coisa minha, sem influências sabidas. Na minha casa ninguém cantava profissionalmente, ninguém tocava um instrumento, perto disso, só minha mãe, que era bem afinada. Mas nada que a levasse a pensar em seguir uma carreira. Desde os meus 14 anos de idade eu já tocava violão. Sempre brinquei de ser cantora. Subia num caixote e imitava minha mãe. Por isso eu digo que nunca *sonhei* em ser uma cantora quando ficasse adulta. Na minha cabeça eu já era cantora desde os 8 anos, quando eu percebi como é bom, como é agradável, como é prazeroso cantar.

O ofício de cantar sempre me rendeu alegrias e entre elas – pensei sobre isso outro dia – o de conhecer pessoas encantadoras, profissionais de extrema competência, com quem tenho forte afinidade e venho compartilhando meus anos de carreira. Não só nos palcos, no meio musical, mas em outras áreas. Encontros que se multiplicam, como foi o caso da produção da foto do último CD. Tudo começou com o reencontro de um grande companheiro, o Lili Ferraz. Um dos maiores maquiadores do País, muitíssimo requisitado e respeitado pelo mundo do teatro, da música, da televisão e dos socialites. O Lili e eu nos conhecemos na TV Tupi, quando eu comecei cantar e ele a maquiar. Falando com ele sobre a foto, o Lili sugeriu: *Por que você não faz a foto da capa com o Trípoli?* A ideia era genial. Uma foto do Trípoli seria um luxo!

Célia fotografada por Trípoli

Mas era preciso fazer consultas, adequar as agendas, pensar na produção, enfim, partir da boa ideia para a ação. E não é que deu certo?

Minha sessão de maquiagem com o Lili foi um presente. Há muito tempo – por força das circunstâncias – ele não tocava na minha pele. É incrível quando você sente a mão do grande profissional, o toque do gênio. E ao encontro com o Lili se seguiu o trabalho do Ari Persan, um dos mais renomados cabeleireiros do País. Foi muito bom deixar o meu cabelo aos cuidados de um artista tão delicado e ao mesmo tempo tão decidido. Ele sabia o que queria fazer e foi fundo. Da minha parte não encontrou resistência.

O Ari pediu um pedaço de cetim preto. Quando eu me sentei na cadeira ele colocou a faixa de cetim amarrada na minha cabeça e deixou cerca de um metro de faixa para cada lado. E àquela faixa ele adicionou um aplique trançado de cabelos naturais e começou a trançar tudo novamente, usando o aplique em tranças e as duas faixas pretas. Aquilo tudo foi tomando volume e, ao mesmo tempo, formando um arranjo tão bonito e tão surpreendente que, vamos e venhamos, é em momentos como este que se vê a força e o talento de um profissional brotando ali, na sua frente.

Célia Alves, nossa produtora de moda, tinha levado um guarda-roupa inteiro. As opções eram muitas e belíssimas. De roupas de vários estilos até adereços maravilhosos – lembram de tudo que comprei em Veneza e no Marrocos? Estava tudo lá! Mas quando a trança que o Ari preparou ficou pronta, veio a ideia: eu estava com uma blusa preta, bem decotada. O decote, então, foi usado para descobrir um dos meus ombros (que ficou de fora) e a trança (que já tinha passado pela minha cabeça e ainda sobrara – ficou enorme) foi colocada em torno do meu ombro e do meu colo, contornando o desenho da blusa. Ficou muito interessante. E essa foi a base para a foto da capa do CD.

Nunca fui fotografada pelo Trípoli e ele foi um *gentleman*. Logo avisei que sou míope e que necessitava de uma orientação sobre os olhares e suas variações que, como sei, são fundamentais num trabalho fotográfico. Ele pediu que eu relaxasse e seguisse suas orientações. Fizemos vários cliques com a trança proposta pelo Ari, depois tiramos a trança dos ombros e começamos a trabalhar com um pedaço de tule preto que o Trípoli havia pedido. Dessa confluência de astros e contando com a minha alegria (parecia uma criança), fascínio (era muito bom ver aqueles homens geniais trabalhando para me deixar feliz) e disciplina (em seguir categoricamente a orientação de todos aqueles excelentes profissionais), nasceu a foto que ilustra a capa do meu CD – *O Lado Oculto das Canções.*

Viram como uma boa amizade, baseada no respeito mútuo, mesmo que não tão assídua como eu gostaria que fosse, pode gerar bons momentos? Há muito não via o Lili, mas bastou me encontrar com ele pra que brotassem boas ideias e, com elas, todos os outros grandes companheiros dessa aventura. E São Paulo me deu isso. Muitos bons amigos. Uma rede de pessoas da melhor qualidade que só continua crescendo. Sob a névoa fina e aconchegante da garoa.

Balança & Cia

Sei que o livro já está entrando em sua fase final e antes que pareça que estou evitando falar do assunto, vamos a ele: eu e meus problemas de peso. Eu e a balança!

Ser uma mulher gorda, estar fora dos padrões convencionais, tudo isso já faz parte da minha história desde os primórdios. É uma questão genética. Minha mãe já convivia com isso e grande parte da minha família também. E, claro, fiz regime a vida inteira. Todo gordo faz regime a vida inteira. Só que um dia eu me cansei dessa luta inglória de ir para as clínicas de emagrecimento, me transformar numa princesinha do dia para a noite, emagrecer horrores e um ano depois estar pior de que quando eu entrei no *Spa*. Além da decepção e dos incômodos psicológicos, pois não é fácil ficar passeando pelos números da balança durante toda uma existência. Efetivamente esse processo também causou danos à minha saúde física.

Sempre soube que, na verdade, a falta de exercícios físicos é um dos motivos pelos quais eu não consigo emagrecer saudavelmente. Nunca comi de forma demasiada, de causar espanto às pessoas. Acontece que eu como bem, como qualquer outra pessoa, digamos, normal, só que tenho um fator genético que não me ajuda naturalmente a ser magra e, além disso, não tenho a menor disposição para qualquer tipo de atividade física. É o que diz o Beto Guedes, grande compositor da MPB: *A lição sabemos de cor, só nos resta aprender!*

Após esta constatação, assumi minhas limitações e resolvi partir pra cirurgia de redução de estômago, em abril de 2003. Estava, nessa altura da vida, preocupada com as disfunções que o vaivém da balança estava me causando e, claro, com as consequências de uma gordura mórbida, como diabetes e outras complicações. Eu sou gorda de tronco. Calço 36, tenho 21 cm de tornozelo, ou seja, tenho uma base para sustentar 60 kg e não 140, como cheguei a pesar. Tenho 1,72 de altura, mas o pezinho ainda é pequeno para tanta gordura.

Fiz os exames, dentro do quadro tudo estava relativamente em ordem, sabia que havia riscos, mas fui em frente. Fui operada – cirurgia videolaparoscópica (com a ajuda de microcâmera de vídeo que filma o que há no abdome e mostra as imagens em uma tela de televisão) – e aparentemente tudo correu bem. Logo em seguida, no entanto, tive um pique muito alto de glicemia. Eu já estava diabética – como sou até hoje – e o diabetes, neste momento, me descontrolou. Foi um momento bastante delicado.

Depois do susto começou o dia a dia do pós-operatório. No primeiro mês, quando só era permitido ingerir líquidos, deu tudo certo. Tudo ia bem até que chegou o momento de ingerir alimentos sólidos. Eu não conseguia. Tinha uma dificuldade extrema. O que resultou numa profunda anemia, pois eu estava emagrecendo violentamente.

E o pior é que eu sentia dores horríveis e não podia fazer endoscopia, que só era permitida seis ou sete meses depois do procedimento pós-cirúrgico. Foi um momento de grande apreensão e sofrimento.

Não conseguia comer nada. O máximo que descia era uma pequena porção de coalhada misturada com azeite. Tudo passou a ser controlado rigidamente. No entanto, depois de alguns meses, eu quase não conseguia ficar em pé, por causa da fraqueza e das dores que volta e meia retornavam. Foi quando tive uma conversa séria com o meu médico, pois minha carreira estava se esvaindo pelo ralo. Não conseguia trabalhar. Então, mesmo que o momento ainda fosse impróprio, foi feita a endoscopia. Constatou-se que o anel que foi colocado (hoje já não se usa este método) tinha escapado e estava dentro do estômago e lá provocou a formação de várias úlceras. Era preciso fazer alguma coisa. Na verdade retirar o anel. E, claro, a cirurgia não obteria seu melhor resultado, ou seja, eu voltaria a engordar. Tudo poderia ser refeito, mas não naquele momento. Seria preciso esperar algum tempo. Um bom tempo!

De imediato, comecei com um medicamento de proteção estomacal, o que aliviou de forma milagrosa aquela sensação terrível. Tanto que eu queria sair

do hospital, mas fui impedida. Tentamos, então, retirar o anel por meio de outra endoscopia. Não deu certo. Tive que esperar algumas semanas para tentar de novo e finalmente conseguimos. O anel foi retirado e eu passei a me recuperar imediatamente. Só que, obviamente, voltei a engordar.

Mas não desisti. De lá pra cá muita coisa evoluiu na cirurgia de estômago. Tenho, hoje, muitos exemplos de pessoas que conseguiram resultados positivos. Quero e vou fazer parte desta estatística. Em breve, quando tudo estiver novamente em consonância vou tentar mais uma vez. Eu sou dura na queda. E insistente nos meus propósitos. Acho que nessa altura do livro vocês já notaram!

Sexo, Drogas e Amsterdã

Orquestra e Música são os nomes dos navios da Empresa MSC nos quais eu viajo anualmente (dependendo do ano, mais de uma vez), fazendo os meus shows. Como isso se repete há muito tempo, todos da tripulação já são amigos. Mesmo que parte do pessoal mude (o que geralmente acontece), a maioria permanece lá e eu com eles. Viajar com essas pessoas é como se eu estivesse na minha própria casa. Eu adoro o mar. O mar me dá tranquilidade, me proporciona momentos de calma, de equilíbrio. Nada me incomoda durante a viagem, nem mesmo as possíveis intempéries. Digo que é muito mais custoso enfrentar 11 horas de voo do que quatro semanas em mar aberto.

A ideia sempre foi me divertir e ao mesmo tempo divertir os turistas. Como são meus fiéis amigos, os músicos da orquestra que me acompanha capricham nos arranjos. Eles ensaiam antes para que tudo esteja preparado na minha chegada. E, mesmo que os números já tenham sido previamente combinados, arriscamos algumas improvisações, parcerias de última hora que encantam a plateia. Na última viagem, por exemplo, me encontrei com uma cantora cubana, Arai Martinez, que também estava se apresentando e a convidei para dividirmos o palco por alguns momentos. Uma moça linda, de cabelos encaracolados e dois enormes olhos azuis, dona de uma voz poderosa. Ela cantou uma versão em espanhol da música *Canta Brasil* (Alcir Pires Vermelho/David Nasser). Na mesma viagem eu convidei o Franco, um jovem italiano, que também se apresenta no navio, para cantar comigo *Minha História* – versão do Chico Buarque para *Gesù Bambino*, do Lucio Dalla. O Franco começou em italiano e depois eu entrei, cantando em português. Português do Chico Buarque, que não é pra qualquer um.

Dessa última vez foi assim: saímos do Porto de Santos, eu e minha prima Raíssa, no dia 20 de abril. Raíssa tem 20 anos, é filha do meu tio Candinho e faz parte da equipe brasileira de canoagem. Ela só foi porque se comprometeu com o treinador da seleção que iria treinar todos os dias. Raíssa, então, levantava às 7 horas da manhã e ia para a academia do navio, onde ficava por horas. Acabou me entusiasmando e me tirando do marasmo. Acabei, pasmem, durante vários dias, malhando com a Raíssa. Fortalecendo a musculatura do meu joelho que anda com problemas. Cada uma, naturalmente, fazendo o que podia. E devia.

Aportamos no Rio de Janeiro, depois Salvador, seguimos pra Recife e navegamos por cinco dias. Na primeira noite dessa etapa eu fiz o meu primeiro *show*. Próxima parada: Santa Cruz de Tenerife, nas Canárias. Não desci, fiquei no navio, pois já conheço a cidade e preferi ficar no navio. Raíssa foi comprar equipamento de canoagem, que, para meu espanto, acabou encontrando. Próximo porto: Funchal – uma cidade portuguesa na Ilha da Madeira, onde se come um delicioso peixe-espada (com banana da terra) e se compra um dos mais lindos bordados do mundo. Uma cidade pequenina e muito bonita. Chegamos às 9 da manhã, passamos o dia e às 5 da tarde o navio já anunciava sua saída.

De lá fomos pra Lisboa e, depois de navegar uma noite, chegamos a Vigo, na Espanha. Não desci na cidade, pois eu cantaria à noite e era preciso me preparar. Depois de Vigo rumamos para Dover (Inglaterra) e, finalmente, Amsterdã. Não conhecia e realmente aconteceu o que eu esperava: dei de cara com uma *cidadezinha* bucólica, originária dos contos dos Irmãos Grimm, toda pintadinha de cores múltiplas, com os canais, as bicicletas, os barquinhos, aquela gente loura, bela, educada convivendo com uma metrópole moderna, com bares, boates, museus, galerias, cheia de permissivos *pecados*, quase uma devassidão. Uma loucura. Muito interessante. Adorei! Pena que só fiquei dois dias, no fim dos quais, pegamos nosso aviãozinho e voltamos para São Paulo. Cheguei em 8 de maio.

Impossível ir a Amsterdã e não pensar em seu envolvimento com qualquer tipo de droga. Lembrei-me da minha ressaca moral que me tirou da bebida pra sempre. Na verdade, quase nunca consegui me envolver com bebida, mesmo socialmente, sem me aborrecer. Pra minha geração, um bando adolescente que entrou na idade adulta em meados da década de 1960, beber era chique, importante pra ser aceito na roda, quase imprescindível se você quisesse pertencer ao meio artístico ou intelectual. Como fumar. O grande charme era beber um bom uísque ou vodca. E eu me adaptei. Gostava de beber e, invariavelmente, a bebida me levava para um lugar de desprendimento, de desinibição, de desembaraço, que não era o meu estado natural. Era tamanha a extroversão, a desenvoltura que logo se transformava em sedução. Seduzia até poste. Lembrando que tudo isso se passou entre os anos 1960 e 1980, quando o mundo estava em plena fase de revolução comportamental; vocês podem imaginar as dores de cabeça que isso me ocasionou. Não havia censura – pelo menos no sentindo afetivo, sentimental, sexual – a moda era estar em plena sintonia com os desejos. Era tudo muito bom, mas também tinha um lado incômodo, às vezes, doloroso. Era fácil se ferir e magoar outras pessoas.

Minha sorte é que eu tinha ressacas homéricas, caso contrário teria virado uma alcoólatra. Por mais que me cuidasse e tomasse bebidas de qualidade – não bebia qualquer porcaria, isso nunca! – amanhecia com dores de cabeça daquelas de comercial de TV, de não poder olhar pra uma lâmpada de 10 watts, o que dirá pra luz do sol. E, numa fatídica noite, fui para o aniversário de uma amiga, a grande baterista Lilian Carmona. Bem no início dos anos 1990, há mais ou menos 20 anos. Dias depois a Lilian liga me convidando pra ver a fita do aniversário, pois ela tinha gravado. Ali tudo mudou. Quando eu me vi alcoolizada, falando as maiores besteiras, me comportando como uma adolescente, pagando um mico do tamanho de um gorila, disse pra mim: nunca mais bebo! Quem não tem competência, não se estabelece. Se você não sabe lidar com este artigo, se afaste dele, certo? Foi isso o que eu fiz: nunca mais bebi. E depois que o tempo foi passando fiquei totalmente radical. Hoje em dia não bebo nem passo perto de nenhuma bebida alcoólica, seja ela qual for.

Nunca me dei bem com drogas. Uma vez eu fui até a casa do Tim Maia, no início dos anos 1970, aqui em São Paulo, pegar umas músicas. Cheguei e o ambiente era o que se poderia chamar de *Amsterdã by Night*. Um clima totalmente *hippie* e, claro, as pessoas dançavam, conversavam, bebiam e fumavam. No meio da empolgação, enquanto esperava pelo Tim, acabei me entusiasmando e aceitando um baseado que estava na roda. Fumei, traguei e como nunca tinha visto aquilo na minha frente, e muito menos fumado – caí dura no chão. Na verdade foi a minha cabeça que entrou em parafuso. Dei uma tragada generosa, admito, mas, mesmo assim, nada que justificasse aquele desmaio. Que durou alguns minutos. O duro foi aguentar o Tim, que não podia passar perto de mim sem fazer uma brincadeira. E ele era bom nisso! Sofri nas mãos dele, anos a fio! Bastaram essas experiências pra saber que se eu depender de algum aditivo extra pra funcionar, fico parada na garagem.

Em Mim a Anatomia Ficou Louca: Eu Sou Todo Coração!

O grande Maiakovski (poeta russo e autor da antológica frase acima) me perdoe, mas eu acho que só com o coração a viagem fica complicada. Artista tem que ter alma? Claro! Coração? Nem se fale! Mas há que ter uma boa dose de razão e inteligência pra tudo funcionar.

Não sei se é coisa do meu gênio, do meu signo, da minha formação, da minha família – ou o conjunto de tudo isso –, mas eu nunca tive sonhos previstos. Premeditados! Nunca pensei: *quando crescer quero ser isso ou aquilo*. Sempre me vi crescendo e simultaneamente querendo coisas. É como se o sonho não se antecipasse à vida, à realidade. Se a emoção não atropelasse a visão racional da existência. Quando alguém me pergunta se, depois de 40 anos, a minha carreira se encontrou com o meu desejo, ou seja, se eu fiz o que deveria ter feito, respondo: eu não saberia fazer de outro jeito. Até porque não dependeu só de mim. É uma confluência de eventos que determina o que acontece. São caminhos complexos, compostos, cheios de encontros e desencontros. Alguns previstos e reincidentes... outros inesperados e fugidios – nem por isso menos importantes. Mas acredito, piamente, que parte dessa engenharia vital passa pela nossa mão. Pela nossa decisão. É disso que são feitas as escolhas. Creio que uma dose de intuição, aliada a dados e referências concretas, abaliza e credita as relações humanas, tanto as pessoais quanto as profissionais.

O meu CD *O Lado Oculto das Canções* é um exemplo vivo disso. Pra que tudo saísse como saiu, ou seja, pleno em relação às minhas expectativas, foi fundamental a reunião e o trabalho sintonizado e respeitoso da tríade que o criou: Ogair Junior, o arranjador; Fernando Cardoso, produtor; e eu. Quando Fernando e eu sentamos com o Ogair pra passar a nossa primeira ideia foi impressionante como ele não só entendeu a proposta como sedimentou o conceito. Por exemplo: eu não gosto muito de bateria. Gosto de percussão. Uma sonoridade mais leve. Ele entendeu, respeitou e partiu para arranjos menos, digamos, agressivos. Em uma ou outra música, no entanto, o Ogair nos convenceu que a bateria não ficaria tão dissonante. E, claro, acatamos.

Tudo o que a gente não queria era fazer uma colcha de retalhos. Um CD sem unidade, sem continuidade. Aí, naturalmente, era preciso um entendimento conceitual do trabalho, antes de entrar no estúdio. Assim, com a ajuda do nosso jovem e talentoso arranjador, formamos um trio que fez a base em todas as músicas: o Nelton Essi, na percussão e, algumas (poucas) vezes, na bateria; o Marcos Paiva no contrabaixo e o próprio Ogair ao piano. Depois fomos fazendo as combinações para cada arranjo. Na música que teríamos um acordeão, por exemplo, todos nós que amamos o Dominguinhos, pensamos imediatamente nele. Mas alguém levantou a lebre que o Toninho Ferragutti era o acordeonista para aquela música. Os dois são músicos maravilhosos, mas são artistas de almas distintas. Saber escolher o parceiro certo para cada música é parte do segredo.

Na música composta pelo intrépido maranhense e ariano Zeca Baleiro, que se chama *Cigarro*, concordamos que se não tivesse ali um bandônion o arranjo ficaria capenga, porque tinha uma forte pegada de tango e a falta daquele instrumento específico gritava. Na verdade, a insistência foi minha, mas logo que consegui deixar clara a minha reivindicação fui compreendida pelo Ogair e pelo Fernando e prontamente atendida. Chegou o bandônion e a música virou uma uva levemente ácida e muito saborosa.

Em *Apelo* (Vinicius de Moraes e Baden Powell), eu quis fazer uma guarânia, num andamento lento, em três tempos. Um desafio, pois a música original foi escrita em quatro tempos. Mas a melodia tem, lá no fundo, escondidinha, uma alma de guarânia e nós descobrimos isso (não é à toa que o nome do CD é *O Lado Oculto das Canções)*. E, neste caso, a participação especial foi de uma harpa clássica, com o acordeão do Toninho Ferragutti. Um luxo.

Já em *Cantiga de Quem Está Só* (Evaldo Gouveia e Jair Amorim), eu comentei com o Ogair que achava que a música tinha uma levada de *zamba* argentino, ou seja, samba com *z*. Também em três tempos. Um clássico é *Gracias a La Vida*, da maravilhosa Mercedes Sosa. Acreditamos nisso e partimos pra essa ideia.

Um CD da cantora e compositora americana Melody Gardot, que me foi apresentada pelo Fernando, por exemplo, foi a inspiração para a nossa versão de *Não Vou Ficar*, do Tim Maia. Estava ouvindo o CD no carro. Parei pra abastecer e no exato minuto em que o frentista se aproximou pra pegar a chave eu quase fechei o vidro na mão dele, coitado! Entrou uma música superinteressante da Melody e eu imediatamente percebi que aquele arranjo poderia ser o ponto de partida pra música que estávamos pensando. Passei a mão no celular, liguei pro Fernando e fiquei cantarolando pra ele. O rapaz do posto não entendeu nada. Acho que estou devendo um CD pra ele. Acontece assim, também, do nada! Nas horas mais inusitadas.

Vidas Inteiras, da Adriana Calcanhoto, é, igualmente, uma pérola. Impressionante como uma letra pequenina, condensada, possa conter uma mensagem, um entendimento tão precioso da impermanência, do efêmero da vida. Das chances e oportunidades que deixamos escapar pelo caminho. Coloco a letra a seguir, para que vocês possam se encantar comigo:

Não seja por isso
Eu não tenho pressa
Eu posso esperar vidas inteiras
Mas tenha certeza de que lhe interessa
Deixar escapar o ouro do agora
Para que não seja numa tarde dessas
Tarde demais

Tanto o russo Maiakovski, que é todo coração, e a gaúcha Adriana Calcanhoto, autora dessa letra incrível que consegue racionalizar um momento tão delicado de uma relação, são poetas geniais. Cada um no seu tempo e no seu mundo. Cabe a nós, intérpretes, recorrer aos poetas, aos grandes compositores e emocionar o público a partir dessa comunhão de ideias e sentimentos. Incluindo a nossa proposta de cantá-los com alma e coração e, ao mesmo tempo, de maneira inteligente e racional, preparar a produção de um CD. Assim, no papel, parece lógico e fácil, mas não é. Mas é o sonho – pra lá de reincidente – que venho construindo durante os últimos 40 anos da minha vida.

Planeta B

Sebastián Mateo Ferrer Ganoza, como prometido, nasceu em 2010, no dia 14 de janeiro, às 9h20. Praticamente um homem feito, pesando 4,150 kg e medindo 53 cm. Amanda Cruz Ferrer, minha filha, é a mãe, e o pai (carinhoso e peruano), atende pelo nome de Ali Rhandu Ganoza Emé.

O segundo capítulo dessa biografia começou com o texto acima. Meu neto acabara de nascer. Era janeiro de 2010.

Havia, também, à época do início dessa epopeia biográfica uma série de dúvidas em relação ao lar onde o pequeno Sebastián cresceria. Amanda e Ali, durante algum tempo, pensaram em viver no Peru. Ideia que, por sorte da avó coruja, foi reavaliada e agora o jovem casal está com o novo lar quase pronto, aqui mesmo em São Paulo. Um apartamento praticamente ao lado do meu.

Lembro que a experiência de ser avó veio coroar uma fase profícua na minha vida: a consolidação da minha parceria com a Mesa 2 – Produções, que se reafirmou com a gravação do CD – *O Lado Oculto das Canções*.

É importante deixar claro a importância da gravação de um CD na vida de alguém que canta. Claro que fazer um *show*, cantar num programa de TV, tocar na rádio, tudo é importante, mas o CD fica, é uma marca registrada, faz parte da discografia, da nossa história musical e da nossa história de vida. É, igualmente, um presente aos nossos admiradores, às pessoas que nos elegem seus ídolos. No meu caso, uma legião despretensiosa, mas feita de amigos que sempre me prestigiam. Outro dia eu pensei que não vender 1 milhão de CDs por mês tem lá suas vantagens. Por exemplo, não ser clonada. Seguramente eu não estou na lista das dez cantoras mais pirateadas do Brasil. Posso, então, contar com o meu fiel e elegante público que, certamente, comprará meu novo trabalho nas melhores casas do ramo. Não estou pensando em estourar no norte da Bavária, nem acredito que os estonianos farão filas para adquirir meu novo CD, mas ficarei feliz quando passar pela loja, no shopping ao lado da minha casa e ver meu trabalho exposto, pronto para ser ouvido por aqueles que gostam da minha voz.

Desde que nasci ouço que este é o país do futuro. Quem inventou isso, aprendi na escola, foi o escritor austríaco Stefan Zweig, que escreveu, há muitos anos, na década de 1930, o livro do mesmo nome: *Brasil, país do futuro*. E nós acreditamos. Só que até hoje, este futuro esperado vem chegando de forma vagarosa e desigual. E agora que o Brasil é um dos países do BRIC (a sigla se refere ao Brasil, Rússia, Índia e China, países que se destacaram pelo rápido crescimento de suas economias) e somos mais respeitados no panorama internacional, pode ser que a coisa engrene apesar das múltiplas injustiças que ainda vejo pela minha janela. Ainda primamos pela falta de ética, de sensibilidade, não sei por que, mas, aos meus olhos, o ser humano tem se esmerado em potencializar o seu lado negativo. É incrível como exercitar valores pouco importantes está em voga. Precisamos rever isso.

Penso também no planeta. Não só na questão ecológica, tão em moda, mas nos aspectos políticos e sociais. Não sou engajada politicamente, não estou envolvida em nenhum projeto social, mas estou viva e atuante num momento histórico que, acredito, é bastante relevante. Ainda somos, até hoje, assombrados por ditaduras opressoras, guerras separatistas, governos populistas, desigualdades estratosféricas e, até aonde eu saiba, não existe um *Plano B*, ou melhor, um *Planeta B*. Até que a possibilidade de vida em Marte, Vênus, Júpiter, Urano, ou em qualquer um dos anéis de Saturno, seja um fato concreto e comprovado, bem, só temos a Terra como moradia.

Noutro dia li que numa das guerras que acontece no planeta, um contingente de forças foi usado para vencer uma minoria que resiste bravamente. Em vão. Um analista levantou uma suposição que me pareceu coerente: que a tal minoria jamais seria vencida pela força, porque a minoria era munida de uma ideia. E que ideias nunca foram derrotadas por forças, cercos, bombardeios e jamais soterradas pela blindagem dos tanques. E complementava: para se derrotar uma ideia é preciso ter uma ideia melhor!

Em algum lugar essa opinião me tocou. Forte e profundamente. Acredito numa boa ideia! Numa ideia boa o suficiente que possa transformar o mundo, o planeta, o meu país, a minha cidade, a minha casa num lugar melhor. Talvez não seja uma única ideia – ideia única pode ser excludente e perigosa – mas muitas ideias, baseadas no convívio generoso, na compaixão e na solidariedade.

Como são muitas ideias e as opções devem se multiplicar cotidianamente, eu me proponho a fazer a minha parte dando o melhor de mim, cantando!

DISCOGRAFIA

CÉLIA (1971) – LP – Gravadora: Continental

CÉLIA (1972) – LP – Gravadora: Continental

CÉLIA (1975) – LP – Gravadora: Continental

CÉLIA (1977) – LP – Gravadora: Continental

CÉLIA – O AMOR (1982) – LP – Gravadora: Continental

MEU CARO – (1983) – LP – Gravadora: Pointer

CÉLIA – 15 ANOS (1986) – LP – Gravadora: Continental

LOUCA DE SAUDADE (1993) – CD – Gravadora: Velas

OS GORDOS TAMBÉM AMAM –
CÉLIA E ZÉ MAURÍCIO MACHLINE (1996)
CD – Gravadora: Som Livre

PRA FUGIR DA SAUDADE – CANÇÕES DE PAULINHO DA VIOLA – CÉLIA E ZÉ LUIZ MAZZIOTTI (2000)
CD – Gravadora: Jam Music

FAÇO NO TEMPO SOAR MINHA SÍLABA – CÉLIA E DINO BARIONI (2007)
CD – Gravadora: Lua Music

MAYSA – ESTA CHAMA NÃO VAI PASSAR (2007)
CD – Gravadora: Biscoito Fino – Participou cantando a terceira faixa *Nós*, com Dominguinhos.

DOLORES – A MÚSICA DE DOLORES DURAN (2007)
CD – Gravadora: Biscoito Fino – Participou cantando a segunda faixa *Olha o Tempo Passando*

O LADO OCULTO DAS CANÇÕES (2010)
CD – Gravadora: Som Livre

Créditos fotográficos

Luiz Claudio de Campos Tripolli: capa, 11, 121

Demais fotos: acervo Célia

A Editora agradece quaisquer informações sobre os detentores dos direitos
das imagens não creditadas neste livro, bem como de pessoas
não identificadas nas fotografias, apesar dos esforços envidados para obtê-las.

Coleção Aplauso
Série Música

Coordenador geral
Rubens Ewald Filho

Projeto gráfico
Via Impressa Design Gráfico

Direção de arte
Clayton Policarpo
Paulo Otavio

Editoração
Douglas Germano
Emerson Brito

Tratamento de imagens
José Carlos da Silva

Revisão
Dante Pascoal Corradini

Biblioteca da Imprensa Oficial do Estado de São Paulo

Andrade, Caio de

Célia: entre o mundo e a minha voz/ Caio de Andrade – São Paulo : Imprensa Oficial do Estado de São Paulo, 2012.

144p. : il. – (Coleção aplauso. Série música / Coordenador geral Rubens Ewald Filho)

ISBN: 978-85-401-0020-6

1. Música popular – Brasil – História e crítica 2. Cantoras – Brasil 3. Célia, 1947 I. Ewald Filho, Rubens. II. Título. III. Série.

CDD 780.92

Índice para catálogo sistemático:

1. Brasil : Cantoras : Biografia 780.92

Foi feito o depósito legal na Biblioteca Nacional
(lei nº 10.994, de 14.12.2004)

Grafia atualizada segundo o Acordo Ortográfico da Língua Portuguesa de 1990, em vigor no Brasil desde 2009

Impresso no Brasil 2012

Imprensa Oficial do Estado de Sao Paulo
Rua da Mooca, 1.921 Mooca
03103-902 Sao Paulo SP Brasil
sac 0800 01234 01
sac@imprensaoficial.com.br
livros@imprensaoficial.com.br
www.imprensaoficial.com.br

GOVERNO DO ESTADO
DE SÃO PAULO

Governador
Geraldo Alckmin

Secretário Chefe da Casa Civil
Sidney Beraldo

Imprensa Oficial do Estado de São Paulo

Diretor-presidente
Marcos Antonio Monteiro

Formato 21 x 26cm
Tipologia Chalet Comprime e Univers
Papel capa triplex 250g/m^2
Papel miolo offset 120g/m^2
Número de páginas 144